长江水运发展协调领导小组

第一次会议文件汇编

◎ 中华人民共和国交通部

人民交通出版社

图书在版编目（CIP）数据

长江水运发展协调领导小组第一次会议文件汇编/交通部编．—北京：人民交通出版社，2006.12
ISBN 978-7-114-06350-3

Ⅰ.长... Ⅱ.交... Ⅲ.长江-水路运输-经济发展-文件-汇编 Ⅳ.F552.75

中国版本图书馆 CIP 数据核字（2006）第 155134 号

书　　名：**长江水运发展协调领导小组第一次会议文件汇编**
著 作 者：中华人民共和国交通部
责任编辑：钱悦良
出版发行：人民交通出版社
地　　址：（100011）北京市朝阳区安定门外外馆斜街 3 号
网　　址：http://www.Chinasybook.com（中国水运图书网）
销售电话：(010)64981400,64960094
总 经 销：北京中交盛世书刊有限公司
经　　销：人民交通出版社交实书店
印　　刷：北京鑫正大印刷有限公司
开　　本：880×1230　1/16
印　　张：8
字　　数：160 千
版　　次：2006 年 12 月第 1 版
印　　次：2006 年 12 月第 1 版　第 1 次印刷
书　　号：ISBN 978-7-114-06350-3
印　　数：0001－2000 册
定　　价：50.00 元

目 录

Mulu

中共中央政治局常委、国务院副总理黄菊给长江水运发展协调领导小组第一次会议的致信

同志们：

交通部和长江沿江七省二市的负责同志在南京召开长江水运发展协调领导小组第一次会议，共商长江黄金水道建设发展大计，这是贯彻党的十六届六中全会精神、落实科学发展观和构建和谐社会的重要举措。我代表党中央、国务院对会议的召开表示祝贺！

去年11月28日，交通部和沿江七省二市共同召开了“合力建设黄金水道，促进长江经济发展”座谈会。一年来，大家切实把长江黄金水道作为我国现代化建设总体战略布局的重要组成部分，进一步凝聚共识，形成合力，增加投入，加快建设，取得了明显成效。与去年相比，长江水运货物运输量、货物周转量、港口集装箱吞吐量，均有较大幅度增长，长江水运服务沿江经济社会发展的能力，有了新的提高。

内河水运具有占地少、能耗低、成本低、污染小等特点和优势，是我国综合运输体系的重要组成部分。长江是横贯我国东中西部唯一的水运大通道，建设长江黄金水道对于加快推进西部开发、中部崛起、东部率先实现现代化战略等，都具有十分重要的现实意义。

希望沿江省市和有关部门站在我国现代化建设总体战略布局的高度，精心谋划长江黄金水道建设，狠抓各项措施的落实，切实把长江水运能力水平提升到新的高度。当前，要着力抓好四项工作：一是统筹规划，突出长江水运建设重点，加大政策和资金支持力度。二是充分利用长江黄金水道的优势，完善沿江产业布局。三是加快水运结构调整和转变增长方式，不断提高长江水运生产力水平。四是切实发挥好长江水运发展协调机制的作用，进一步加强部门、省市之间的合作，互相支持，形成合力，加快推进黄金水道建设，为沿江经济社会的全面协调可持续发展，为构建社会主义和谐社会做出更大的贡献。

代问同志们好！

黄菊

2006年11月16日

加快推进长江黄金水道建设　促进沿江经济又快又好发展

——交通部部长李盛霖在长江水运发展协调领导小组第一次会议上的发言

（2006年11月21日）

各位领导、同志们：

今天，沿江七省二市和交通部在江苏南京召开长江水运发展协调领导小组第一次会议。党中央、国务院高度重视长江黄金水道的建设。中共中央政治局常委、国务院副总理黄菊专门致信此次会议。中共中央政治局委员、国务院副总理曾培炎也提出了明确的要求。我们要认真贯彻落实好中央领导同志的重要指示和要求，加快黄金水道建设，促进沿江经济发展。

全国政协人口资源环境委员会、国务院办公厅、国家发展改革委、财政部、国土资源部、水利部、国务院三峡工程建设委员会办公室等部门一贯关心、支持长江黄金水道的建设，今天，有关领导同志亲临会议指导，我提议向他们表示热烈欢迎和衷心感谢！

去年11月28日，沿江七省二市和我部共同召开了“合力建设黄金水道，促进长江经济发展”座谈会，形成了共识，明确了长江水运发展总体目标，提出了“十一五”时期的建设重点。这次会议的主要任务是，贯彻党的十六届六中全会精神，总结交流一年来各省市加快黄金水道建设的工作经验，落实“十一五”黄金水道建设任务，研究促进长江水运发展的主要政策措施，共同签署《“十一五”期长江黄金水道建设总体推进方案》，商定当前重点工作。

下面，我结合深刻理解和贯彻落实黄菊同志的来信精神，从三个方面作一发言：

一、一年来的工作回顾

合力建设黄金水道，促进长江经济发展，对于我们坚持以科学发展观统领长江水运发展，全面提升长江水运对沿江经济社会发展的服务能力和服务质量，加快沿江综合运输大通道建设，进一步推动长江流域经济增长方式的转变，促进沿江区域经济社会全面协调可持续发展具有十分重要的意义。

一年来，长江黄金水道建设进一步得到了国家的高度重视。《国民经济和社会发展

第十一个五年规划纲要》明确要求:“积极发展水路运输,提高内河通航条件,建设长江黄金水道和长江三角洲高等级航道网,推进江海联运”。内河水运纳入了国家重点鼓励发展产业目录。《国务院关于加强节能工作的决定》,要求积极推进节能型综合交通运输体系建设,加快发展内河运输。

全国人大、国务院、全国政协有关领导多次就加快长江黄金水道发展做出重要批示。今年5月份,全国政协张思卿副主席率政协常委视察团,沿长江对湖北、湖南、江西、安徽和重庆四省一市就加快长江经济带发展进行了视察,向中央提出了“加强包括黄金水道在内的长江经济带综合运输体系建设,促进长江上中下游一体化协调发展”等建议。国务院有关部委对加快长江黄金水道建设给予了大力支持。社会各界高度重视黄金水道在加快沿江经济发展中的支撑作用。今年“两会”期间涉及黄金水道发展、建设方面的提案、议案数量为历年来最多。广大人民群众也十分关注长江黄金水道的建设和发展,纷纷献计献策。

沿江各省市在落实去年座谈会要求、加快推进长江黄金水道建设方面做了大量的工作,更加突出长江水运在经济社会发展中的战略地位,加强沿江产业带的规划布局、建设和综合开发,进一步加大了对长江水运建设的政策支持和资金投入力度,取得了明显的成效。

一是在制定地区国民经济和社会发展“十一五”规划时,把发展长江水运作为坚持可持续发展战略、建设资源节约型、环境友好型社会的重要举措,提出了具体的目标与措施。上海市更加明确了以国际航运中心为龙头的水运建设目标;江苏省将港口和航道建设目标列入本省“十一五”规划纲要;安徽省明确提出了充分发挥长江黄金水道的作用,建设“皖江经济带”的战略目标;湖北省提出了水运振兴工程,加快建设干支直达、通江达海的航运体系;重庆市加快了“以水强市”发展战略的实施;云南省把加快水运建设作为老少边穷地区人民脱贫致富和社会主义新农村建设的重要举措。其他省市也对发展长江水运、促进经济发展提出了具体目标。

二是省市领导高度重视长江水运发展,在进行广泛深入调研的基础上,召开专题会议,研究落实去年座谈会确定的各项任务的具体措施,部署加快本地区水运发展建设工作。江苏省召开了加快全省水运发展的工作会议。湖北省召开了“合力加快港航建设,促进沿江经济发展”会议,并与各市、州政府和有关部门签订了“十一五”时期和2006年港航建设目标责任书,将港航建设纳入目标考核范围。安徽省主要领导提出了“立足大流域、建设大水运、发展大交通、构筑大产业”的长江水运建设发展思路。江西、四川、云南省委省政府主要领导明确提出,“十一五”时期要加大投入,加快建设,进一步提高内河水运的竞争力和服务水平,为地方经济社会发展提供畅通、经济、安全、便捷的内河水上

通道。

三是沿江省市政府逐步加大了对内河水运建设的政策扶持和资金投入力度。江苏省人民政府出台了《关于加快水运发展建设的意见》；湖北省人民政府决定自2006年起每年安排财政预算资金1亿元用于水运建设，并即将出台《关于加快全省长江水运业发展的意见》；上海市人民政府将航道规划纳入城市规划控制范围，为水运发展留有足够的空间；湖南省、江西省人民政府加强了对航运资源的保护，出台了在通航河流上建设闸坝必须同步兴建通航建筑物的相关规定；四川省统筹全省水资源综合开发，加快航运梯级枢纽建设，推动长江黄金水道与成都平原区域经济发展的有机结合；上海市和安徽省还成立了投资建设公司，为水运建设搭建投融资平台；云南省已将筹集长江水运开发专项建设资金纳入省政府议事日程。

四是各有关省市按照去年座谈会提出的长江水运发展总体目标和主要建设任务，加快完善地方水运发展规划。一年来，沿江省市修订和完善了“十一五”水运发展规划，着手编制省级港口布局规划和主要港口、重要港口总体规划。上海市在已有规划基础上，开展了主要航道的详细规划工作；重庆市、安徽省分别制定了《船舶标准化暨船舶防污染方案》、《内河船型标准化发展纲要》。这些规划的编制完善进一步明确了发展思路，突出了建设重点，将很好地引导水运全面协调可持续发展。

五是共同建立了长江黄金水道建设部省市协调机制，成立了长江水运发展协调领导小组及办公室。共同研究拟定了《“十一五”期长江黄金水道建设总体推进方案》，提出了指导思想和发展目标、推进原则、建设任务、保障措施，作为“十一五”期长江黄金水道建设的指导性文件，提交本次会议审议并共同签署。

六是国务院相关部委与地方政府加强了沟通协调，努力降低三峡船闸完建期对通航的不利影响。针对三峡船闸完建期单线运行、通过能力严重不足的问题，确定了客货运输方案：对载货滚装汽车和绝大部分旅客实施翻坝转运；对集装箱和鲜活等重点物资实行优先过闸；对下行过闸煤炭船舶进行总量控制，凭证过闸；引导化肥、钢铁等物资利用铁路和公路分流。同时，交通部长航局会同重庆市、湖北省有关单位成立了通航保障指挥部，建立了库区全线联动工作机制和应急反应机制，在库区布置了29个巡航救助站点，安排4艘挖泥船在长江中游重点河段值守，确保安全畅通。156米蓄水两个月来，三峡船闸单线运行总体有序。

在国务院有关部委和沿江省市的大力支持下，我部按照国务院的要求，立足服务经济社会发展大局、服务社会主义新农村建设、服务人民群众安全便捷出行，把大力推进长江黄金水道建设作为今年的重点工作之一。党组几位同志分别带队先后到云南、四川、重庆、湖南、湖北、江苏、上海、江西等地就长江黄金水道、京杭运河水运发展等问题进行

了调研，与有关省市就加快长江水运建设的有关问题进行深入研究，交换意见。积极筹措资金，支持长江干线航道建设，推动船舶运力结构调整优化，加快推进船型标准化。今年以来，长江下中上游重点航道整治工程进展顺利。在下游，长江口三期工程已于今年9月30日开工建设，东流水道整治基本完工，实施了太子矶炸礁工程；在中游，基本完成了陆溪口、罗湖洲航道整治工程，正在实施马家嘴、嘉鱼—燕子窝航道整治；在上游，完成了三峡库区156米蓄水库尾炸礁工程和泸渝段航道整治工程。同时加快了长江干线海事、通信、公安等支持保障系统建设。增加科技投入，加强水运建设关键技术的研究。推进理念创新，树立工程质量全寿命周期成本理念，开展了内河水运工程质量年和示范工程活动。

一年来，在党中央、国务院的领导下，在有关部委的大力支持下，在沿江各省市的共同努力下，长江黄金水道作用进一步发挥，服务沿江经济发展的能力有了新的提高。2006年，长江水运货物运输量有望达到9.9亿吨，周转量3099亿吨公里，港口集装箱吞吐量634万标准箱，江海直达运量5.5亿吨，与去年相比，分别增长了15.1%、20.6%、23.6%和9.0%。基础设施建设力度进一步加大，预计今年完成投资155亿元，为全面完成“十一五”各项建设任务开了个好头。借此机会，我代表交通部对全国人大、全国政协以及兄弟部委办、沿江省市党委、政府对加快长江黄金水道建设给予的大力支持和帮助表示衷心的感谢！

二、抓住机遇，促进长江水运新一轮发展

中共中央政治局常委、国务院副总理黄菊同志在致信中指出，内河水运具有占地省、运量大、能耗低、成本少、污染小等特点和优势，是我国综合运输体系的重要组成部分。长江是横贯我国东中西部的水运大通道，建设长江黄金水道对于加快推进西部开发、中部崛起、东部率先实现现代化战略等，都具有十分重要的现实意义。

“九五”以来，国家设立了内河建设专项资金，推进了内河建设的较快发展。通过“九五”、“十五”的努力，长江干线、西江航运干线、京杭运河以及长江三角洲、珠江三角洲“两横一纵两网”国家高等级航道发展格局基本形成，内河水运的落后面貌得到初步改变。

“十一五”时期是我国全面建设小康社会、构建社会主义和谐社会的关键时期，也是贯彻落实科学发展观，实现交通又快又好发展的关键时期，我们要按照中央的总体部署和中央领导同志的要求，抓住机遇，同心协力，加快推进长江水运新一轮发展。

（一）构建社会主义和谐社会，为长江水运新一轮发展带来了契机

党的十六届六中全会对构建和谐社会的重大战略任务做出部署，强调坚持以人为

本，坚持“五个统筹”，坚持转变增长方式，提高发展质量，形成有利于经济、社会、自然协调发展的长效机制。加快长江水运建设，是贯彻落实科学发展观、构建社会主义和谐社会、实现可持续发展的具体体现，也是交通走资源节约、环境友好发展之路的必然要求，对于促进区域经济社会发展、提高资源利用效率，改善自然生态环境具有重要作用。

当前，我国经济社会的快速发展与土地、能源等资源紧缺之间的矛盾越来越突出，承受的环境压力也越来越大。与其他运输方式相比，发展长江水运基本不占用土地，航道疏浚还能吹填造地，对减少土地占用和合理利用岸线资源、降低能源消耗、加强环境保护和促进新农村建设等方面都具有积极的作用。在各种运输方式中，水路交通的平均运输成本、单位能耗及单位二氧化碳排放量为最低。中央要求把切实解决好老少边穷地区的发展，作为建设社会主义新农村的重要内容。长江水运有利于打通运输通道，为沿江革命老区、民族地区、边疆地区、贫困地区、粮食主产区和矿产资源开发地区等的人员流动、资源综合开发利用、产业结构调整以及扩大就业等创造便利条件。

（二）沿江经济的协调发展，为长江水运新一轮发展创造了条件

沿江七省二市资源丰富、产业密集，集聚了我国41%以上的经济总量，形成了以冶金、电子、机械、汽车、原油、化工等为主体，以高新技术产业为主导的经济带，其中，钢铁产量占全国的36%，石化产量占28%，汽车产量占47%，火电装机容量占16%。由于长江东中西部自然地理条件差异性大，经济发展不平衡，上中下游形成了具有明显区域特色的产业布局。上游地区形成了以矿产、机械和农产品等为主的产业基地，中游地区形成了以农产品加工、石化、冶金、汽车和建材等为主的产业带；下游地区形成了以装备制造、电子信息和高新技术等为主的产业带。

随着我国经济的梯度推进，沿江地区将依托地理位置、资源条件等形成更加巩固的具有区位优势的产业带，在提供原材料、开展加工工业、发展高新技术和服务业等方面实现有机互补，产生了大量适宜水路运输的货运需求，对长江水运提出新的更高要求。目前，长江水系完成的水运货运量占沿江全社会货运量的20%，货运周转量占60%。

预计到2010年，长江干线水运量将达到13亿吨，其中，外贸运输量将达到4.5亿吨，港口集装箱吞吐量将达到1600万标准箱。沿江经济的快速协调发展，需要我们充分发挥长江干流横跨东中西部、众多支流沟通南北的功能，充分发挥长江水运作为东中西部运输主通道的作用，以满足不断增长的大宗散货运输需求、江海直达联运需求、集装箱运输需求。

（三）综合运输体系结构的调整，对长江水运新一轮发展提出了要求

加快现代综合交通运输体系建设是经济社会发展的客观要求。一方面，经济社会的

发展，对物流的通畅、便捷、高效化和人们出行的安全、舒适、人性化提出了更高要求，交通向着“无缝衔接”、“零换乘”方向发展；另一方面，经济社会的发展，更要求充分发挥各种运输方式的优势，提供高质量的运输服务，满足多样化的运输需求，建立高效的综合运输体系。

目前，长江水运承担了沿江企业生产所需 80% 的铁矿石、72% 的原油、83% 的电煤。从沿江经济社会发展对运输的需求情况看，能源、原材料、集装箱、汽车滚装和大件货物等运输量越来越大，这些货物更适宜水路运输，更能发挥水运运量大、成本低、能耗少的优势，尤其是沿江外向经济的发展对外贸的依存度越来越高，外贸物资运输需求越来越大，这更能发挥长江水运通江达海的优势。另外，虽然各种运输方式的协调发展有利于综合运输体系的建设，但从自然条件情况来看，沿江地区发展水路交通具有比较优势。同时，加快长江水运发展，能够更有效地促进流域综合运输体系的形成。

沿江产业经济带的发展和完善，迫切需要建立现代物流体系，建立和完善综合运输体系。发挥水运优势，突出水运在综合运输体系中的作用势成必然。

（四）部省市协调机制的建立，是长江水运实现新一轮发展的有力保障

长江干流与支流、区域之间的协调发展，对充分发挥长江黄金水道作用、促进沿江经济发展至关重要，需要发挥部省市协调机制在研究落实加快长江黄金水道建设的政策措施、协调解决长江水运发展中重大问题的作用。

目前，长江水运具有加快发展的良好机遇和外部环境，也具有快速发展的内在要求和基础条件，部和沿江省市齐心协力、积极配合是重要保障。今天，我们召开协调领导小组第一次会议，就是要进一步统一思想、形成合力，加快推进长江水运发展各项措施的落实。只要我们充分利用省部携手、区域联动的协调机制，在加强沟通、狠抓落实上下工夫，用创新的思维解决发展中遇到的重大问题，就能实现长江水运又快又好发展。

通过新一轮的建设，到“十一五”末，长江干线航道条件将明显改善，5 万吨级海船乘潮直达南京，较大幅度地延长 5000 吨级海船到武汉的通航期，利用航道自然水深，使 3000 吨级海船季节性通航至湖南城陵矶。武汉以上航道将更为通畅，三峡库区万吨级船队可直达重庆主城港区，千吨级船舶可直达云南水富。长江三角洲高等级航道网中主要航道将可通航 1000 吨级船舶，京杭运河堵航现象明显缓解。以上海国际航运中心为龙头，以长江黄金水道和长江三角洲高等级航道网为主要疏运通道的集装箱运输系统、外贸铁矿石及原油海进江中转运输系统和江海物资转运系统基本建成。长江干线主要港口的主要港区建设取得重大进展，基本实现机械化、规模化和集约化，部分成为地区物流中心。长江干线船型标准化取得明显进展，货运船舶平均吨位提高到 1000 吨以上。长江水运的支持保障能力大幅度提高。

三、当前的几项重点工作

发展长江水运是一项长期任务，需要我们共同努力，分阶段、有重点地向前推进。我们要按照这次签署的《“十一五”期长江黄金水道建设总体推进方案》，认真组织实施好航道治理、港口建设、船型标准化、三峡过坝运输扩能、水运保障、干支联动等建设任务。有的省市提出增加新项目的建议，我们将在方案实施的过程中，结合实际情况统筹考虑。为完成“十一五”建设任务，部省市应共同督促“推进方案”的落实，确保各项计划目标和建设任务的实现。当前，我们认为要重点做好以下工作：

（一）拓宽渠道，多方筹集建设资金

“十一五”时期长江水运建设任务繁重，资金需求量大，必须充分发挥好中央、地方各级政府的积极性，充分利用社会各方面的资源优势，充分发挥市场配置资源的基础性作用，保障长江水运基础设施的建设和可持续发展。

我部将进一步加大对长江水运基础设施建设的投资力度，“十一五”期安排150亿元资金，主要用于长江口深水航道治理三期及向上延伸工程、长江干线航道整治工程和干线水运支持保障系统设施建设，支持长江三角洲高等级航道网骨干航道和长江主要支流航道建设，引导和扶持干线运输船舶船型标准化。推进内河港口建设，适当支持中西部地区公共码头建设，充分发挥市场投融资作用、积极鼓励企业和社会资金投资建设内河港口码头，逐步建立以市场为主体的长江港口建设投融资机制。

建议地方各级人民政府按照“推进方案”的总体安排，逐步建立起稳定的水运设施建设资金来源，适当增加财政资金，多渠道筹集水运建设资金，出台相关扶持政策。

（二）加大前期工作投入，做好项目前期工作

要重视项目的前期工作，引进竞争机制，加强基础性工作的研究，进一步提高前期工作质量；采取有效措施，加大投入，切实加快项目前期工作进度，加大项目储备。对国家审批的项目，我部将配合各省市积极做好与国家有关部委之间的沟通与协调工作，进一步提高效率；由地方审批的项目，建议各省市做好环保、水利、国土等方面的协调，加快审批进度，落实资金筹措方案，创造良好的外部环境，确保建设项目按计划实施。有关前期工作进度，我们建议，“十一五”期内计划完工的项目，在2007年10月底前完成项目前期工作，“十一五”期开工跨“十二五”期的项目，在2008年10月底前完成前期工作。

（三）加强研究，适时实施重点航段的整治和控导工程

加强对长江干线重点河段、重点滩险航道整治研究，适时实施重点航道整治工程和必要的控导工程，改善通航条件。密切跟踪水利部门对福姜沙、通州沙、白茆沙河势控制工程的前期工作进程，进一步加大“三沙”航道治理的前期研究力度，为有条件时实施

12.5 米水深航道继续向上延伸做好技术准备。三峡工程蓄水运用后，荆江河段受“清水”下泄影响较大，河道的演变规律需重新认识和把握。当前主要是加强观测与研究，为适时实施重点河段控导工程提供技术支持。加强对三峡水库回水变动区泥沙淤积规律的研究，为做好有关工作提供技术储备。

实施好长江口深水航道治理三期工程，从现在起用三年时间，在现有 10.0 米航道水深的基础上加深到 12.5 米，形成全长 92.2 公里、底宽 350400 米的双向航道。项目建成后，可以满足第三、四代集装箱和 5 万吨级海船全天候通航，同时兼顾第五、第六代集装箱船、10 万吨级散货船满载、20 万吨级散货船减载乘潮通航需要。该工程完成后，将更好地促进长江三角洲及长江流域经济发展，也将极大地带动长江黄金水道水运发展。当前，长江口三期工程正在实施当中，要切实做好工程各项管理工作，确保工程质量和进度。

近期，南京以下河段，以巩固 10 米水深航道为重点，加强航道维护工作。南京至安庆河段，完成太子矶礁石炸礁工程，实施拦江矶礁石炸礁及黑沙洲水道整治工程。安庆至武汉河段，完成东流、罗湖洲航道整治工程，开工整治武穴水道、张南上浅区航道。武汉至宜昌河段，开工建设周天河段、武桥水道、瓦口子水道、沙市河段航道控导工程，完成嘉鱼—燕子窝河段整治工程，同时加强养护管理，保证中游航道畅通。宜昌至重庆河段，完成库尾娄溪沟—铜锣峡河段碍航礁石的清炸工程。重庆至水富河段，完成重庆至泸州、泸州至宜宾、宜宾至水富段航道整治工程，进一步提高航道等级。

（四）继续做好三峡船闸通航工作

据统计，2005 年三峡双线船闸共运行 8336 闸次，通过船舶 6.4 万艘次，货运量 3300 万吨，旅客 188 万人次；全年转运滚装船 8000 艘次，滚装车 31.5 万车次，折合货运量 1100 万吨，翻坝转运旅客 17 万人次。2005 年三峡断面货运量达到 4400 万吨，客运量 205 万人次。

今年 9 月 15 日，三峡船闸进入完建期，船闸单线运行，测算通过能力只有双线的 40% 左右。由于船闸通过能力严重不足，尽管通过有效的调度管理，目前实际运行通过能力已达到 60%，但坝区待闸船舶仍较多，积压船舶最高达到 584 艘，对通航和安全管理带来了一定压力。我部将积极配合国家发展改革委做好煤炭过闸运输的协调工作；与有关省市积极配合国务院三峡办做好翻坝转运等有关工作；积极组织做好各项通航保障工作，尽一切可能保证三峡船闸的平稳有序运行。建议有关省市和部门采取积极措施，努力引导部分货物通过铁路和公路分流，保障地方经济的正常运行。

为解决三峡船闸长期通过能力不足的问题，我部还将积极推进实施三峡坝区长期翻坝运输方案，支持湖北省加快建设高等级翻坝公路，加大推进过闸船舶标准化力度，积极

协调有关部门加快升船机建设。

（五）加快推进长江干线船型标准化工作

推进船型标准化是提高航道和船闸通过能力，提高船舶安全性能，减少环境污染，提高经济效益，提升水运竞争力的重要途径。随着长江干线航道条件的不断改善，船舶大型化、系列化、专业化的发展趋势越来越明显，我们要从政策、技术等方面认真研究相关对策，进一步理清船型标准化的相关思路。为使长江干线船型标准化的工作落到实处，我部近期将重点研究制定船型标准化引导资金的使用办法，加快标准船型研发、现有船型比选以及落后船型淘汰等工作。建议各省市加强船型标准化方面的研究，制定办法，并根据本地区航运企业、船舶数量及经营情况，安排一定资金引导船型标准化工作；也建议国家相关部委给予支持和帮助。

（六）进一步加强港口岸线和航道资源的保护，妥善处理好水运与水利、水电等发展的关系

港口岸线是不可再生的宝贵资源，是港口建设发展的基础条件，随着城市发展及其它临水项目的建设，港口岸线资源越来越紧缺。为合理保护和有效利用港口岸线资源，我部进一步加强了港口规划和港口岸线审批工作，并正在和国家发展改革委一起制定《港口岸线管理规定》。同时，我部和国家发展改革委将进一步推进《全国内河航道与港口布局规划》的制定工作。建议沿江各级政府在进行城市规划、临水项目的立项过程中，注意保护好港口岸线资源，为港口的长远发展留有空间。按照水资源综合开发利用的原则，协调好航运与水利、水电等行业发展之间的关系，特别是在支流水资源的开发利用上要合理考虑水运发展需要，避免出现新的闸坝碍航。

长江沿岸城镇密集、人口众多、临水项目密布，长江的水环境保护工作不容忽视。尤其是三峡库区，在加强水环境保护工作中，交通部门要加强水路危险品运输的管理，积极开展船舶防污染研究，加快相关设施建设，进一步完善应急预案，提高应急处置能力。

（七）扎实推进水运科技创新

“十一五”期，我部将强化创新意识，加大科技投入，支持长江黄金水道建设中航道整治技术、数字航道、水运信息化、安全保障等重大专项攻关和重大项目研发，深入研究水运发展过程中的土地、岸线、能源等科学利用，提升长江黄金水道建设科技含量。建议各省市结合地区和行业发展的特点，开展对港口、航道建设关键技术和港口物流发展研究，加大科研成果以及新技术、新材料、新工艺在水运建设中的应用和推广力度，共同提高长江水运科技水平。

此外，关于协调机制例会制度，建议领导小组会议原则上每两年召开一次，领导小组会议召开的前一年，由具体工作层面协商领导小组会议的具体内容。

同志们，长江黄金水道建设是一项关系全局的长期而艰巨的战略任务，需要中央有

关部门和地方共同努力。我们要在以胡锦涛同志为总书记的党中央领导下，以邓小平理论和“三个代表”重要思想为指导，深入贯彻十六届六中全会精神，全面落实科学发展观，抓住机遇，加快推进长江黄金水道建设，促进沿江经济又快又好地发展，为构建和谐社会作出更大的贡献。

谢谢大家！

江苏省省长梁保华在长江水运发展协调领导小组第一次会议上的致辞

（2006 年 11 月 21 日）

尊敬的李盛霖部长，同志们：

今天，长江水运发展协调领导小组第一次会议在江苏召开，我们感到十分高兴和荣幸。这次会议，对于贯彻科学发展观，落实中央领导同志指示精神，加快推进长江水运发展，将起到有力的推动作用，对江苏的工作也是有力促进。首先，我谨代表江苏省委、省政府，对会议的召开表示热烈的祝贺！向长期以来关心支持江苏经济社会发展的中央各部委和兄弟省市领导表示衷心的感谢！向全体与会同志表示诚挚的欢迎！

江苏地处长江下游地区，全省国土面积 10.26 万平方公里，总人口 7474 万。近几年来，在以胡锦涛同志为总书记的党中央正确领导下，我们以邓小平理论和“三个代表”重要思想为指导，全面贯彻科学发展观，全力推进富民强省、“两个率先”，协调推进各项工作，经济社会实现了新的发展。预计今年地区生产总值将超过 2 万亿元，人均 GDP 可达到 2.8 万元以上，相当于 3500 美元，财政总收入 3800 亿元左右（如加上海关税收可达到 4350 亿元左右），进出口总额将达到 2800 亿美元。教育、科技、文化、卫生等社会事业取得新进步，高等院校、在校大学生、职校生数量列全国第一。人民生活水平有新的提高，去年全省城镇居民人均可支配收入 12319 元，农民人均纯收入 5276 元，今年预计能保持 10% 以上增长。在经济发展进程中，坚持交通先行。在交通部的大力支持下，江苏的交通建设取得了巨大发展，“十五”期间，交通建设投资超过 1600 亿元，是“九五”时期的 2.2倍，高速公路通车里程已突破 3300 公里，密度居全国第一，农村基本实现建制村，村村通公路。沿江沿海港口加快发展，预计到今年底，全省港口拥有万吨级以上泊位 252 个；完成货物吞吐量 8.3 亿吨，集装箱吞吐量 420 万标准箱，其中，沿江港口吞吐量 5.2 亿吨，集装箱吞吐量 290 万标准箱。交通建设的加快发展，对经济社会发展起到了强有力的支撑作用。

长江流经江苏 425 公里，江苏 13 个省辖市中有 8 个市地处沿江，沿江 8 市是江苏经济的核心区域。经济总量占全省的 86.5%，江苏经济社会发展，在很大程度上得益于长江黄金水道这一得天独厚的资源优势。加快长江水运发展，有利于建设协调高效的综合

运输体系,形成更具竞争力的发展环境;有利于减少能源消耗,节约土地资源,降低运输成本,保护生态环境,走资源节约型、环境友好型的可持续发展道路;有利于沿江兄弟省市优势互补、密切合作,促进流域经济协调发展、共同繁荣。去年建设长江黄金水道座谈会之后,我们把发展长江水运放在全局和战略的重要位置,纳入"十一五"规划纲要。省政府召开了全省加快水运发展工作会议,坚持高起点、高标准、高质量地修编完善沿江港口布局规划、产业空间布局规划、城市带建设规划、生态环境保护规划等,把发展长江水运与沿江地区经济结构调整、产业发展结合起来,与环境保护、生态建设结合起来,与沿江地区水利建设、城市建设结合起来。一年来,我省投入 70 多亿元,加强沿江沿海港口等基础设施建设,新增万吨级码头泊位 38 座,新增吞吐能力 7700 万吨;在基本完成长江堤防加固的基础上,加强重要节点综合整治和重点河段崩岸应急治理,防洪能力进一步提高;加大沿江生态环境建设力度。基础设施的不断改善和生态环境的不断优化,为沿江地区经济发展注入了新的活力。

长江水运发展协调领导小组第一次会议的召开,标志着长江黄金水道建设已经站在一个新的起点上,进入了加快推进的新阶段。我们要认真贯彻党中央、国务院的指示精神,坚持以科学发展观为统领,牢牢把握建设长江黄金水道的重大战略机遇,在交通部协调指导下,与沿江兄弟省市携手合作,共同开创长江水运发展新局面。一是大力推进长江黄金水道建设,扎实做好《推进方案》中涉及江苏的各项工作,努力促进长江水运加快发展。积极配合交通部实施长江口深水航道三期工程,创造条件加快推进长江口 12.5 米深水航道延伸至南京工程,在更高层次上推进沿江产业、港口、城市和生态建设,力争通过 10 年左右的努力,把江苏沿江地区建设成为具有较强竞争力的现代制造业基地,走新型工业化道路的先行区,长江流域对外开放的重要门户,生态良好、环境优美的大江风光带。二是加快建设沿江现代化港口群。江苏沿江港口是上海国际航运中心的重要组成部分。我们将按照"接轨上海、承接东西"的总体要求,坚持科学规划、整合资源、优化结构,加快形成与国民经济发展相适应,与其他运输方式相协调,布局合理、功能完善、便捷高效的现代化港口体系。三是积极构筑便捷畅通的大宗物资转运平台。加快建设海运直达、江海运转和长江中上游中转联运三大运输体系,更深入接受上海经济辐射和带动、更好地为长江中上游地区服务,为中西部地区对外开放提供更为便捷的出海通道。四是着力打造沿江绿色走廊。在推进黄金水道建设过程中,认真落实环保优先方针,坚持经济建设与生态建设一起推进,经济效益与环境效益一起提升,努力把长江江苏段建设成为绿色走廊。在发展长江水运过程中,我们将与沿江兄弟省市协同配合,密切协作,实现优势互补、共同繁荣,为长江流域经济社会又好又快发展作出积极贡献。

最后，预祝长江水运发展协调领导小组第一次会议取得圆满成功！祝各位领导、各位来宾在江苏期间工作顺利、身体健康、生活愉快！

谢谢大家！

全国政协人口资源环境委员会委员张德楠在长江水运发展协调领导小组第一次会议上的发言

（2006 年 11 月 21 日）

李部长，各位领导，各位代表，同志们：

全国政协人口资源环境委员会对此次会议的特邀十分重视，使我有机会参加长江水运发展协调领导小组第一次会议，感到十分高兴。上午听了黄菊副总理致会议的贺信重要内容以及李部长的主体报告，出席了“推进方案”的正式签署仪式，又先后听取国家发改委张茅副主任和沿江省市领导的讲话，报告和讲话视野十分开阔，感到很有收获。在今年年初发布的中共中央关于加强人民政协工作的意见中指出：人民政协参政议政是人民政协履行职能的重要形式，人民政协要选择经济社会发展中综合性、全局性、前瞻性的课题深入调研，开展咨询论证，提出意见建议。今年全国政协副主席张思卿率团沿长江部分省市进行了视察；在 2004 年全国政协人资环委倡议发起和组织保护长江万里行活动，当时全国政协贾主席批示：这是一项很有意义的活动，要为我国经济可持续发展贡献力量。在今年召开的人大会议上，温总理的政府工作报告中指出：促进区域经济发展，国土空间划分为优化开发、重点开发等 4 类主体功能区。按照这一界定，绵延 6300 多公里的长江及其长江流域是我国一块得天独厚的丰饶国土，贯通我国的东中西部，必定是要优化开发的地区，其江河水道是天工造化、川流不息、成本低廉的运输通道，在新世纪初叶，提出长江黄金水道建设确实是落实科学发展观、坚持可持续发展的战略举措。借此机会，我简明讲以下三点建议和体会：

一、协调领导小组成立以及运作机制的建立是长江水运新一轮发展的重要保证

长江及其流域的经济包括水运航运在建国后半个多世纪以来，特别是改革开放 20 年来，在沿江各族儿女的奋斗中，取得了一个又一个业绩。回想 20 世纪 50 年代的防洪，1998 年战胜特大江水，跨越天堑大桥修建，包括川江、荆江在内的河道整治，以及港口建设，长江第一坝——葛洲坝的建设，更有现在的三峡工程、南水北调工程，无不历历在目，今天又迎来长江新一轮的大好发展时机。我国社会主义市场经济体制发展到今天，有两个明显的优势是别人不能比拟的，一是集中优势办大事，二是全国可以搞大协作。认识

到这一点，现在的长江水运发展协调小组是在国务院统一领导下，由交通部部长任组长，沿江七省二市参加的部省市协调机制，符合我国国情，符合我国实际，很高明，很重要，也必将起到推进航运事业发展的保证作用。

二、实施长江黄金水道建设总体推进方案当前重在项目前期科学论证

李部长的报告中，很大篇幅讲到了当前的几项工作。这里讲到资金以外，还重点提出要做好项目的前期工作。因为推进方案一经签署，七省二市各自落实，就是一批项目的实施。确实有限且已感到紧缺的资金能否用在刀刃上，就是要看这些项目能否经得住科学这把尺子的衡量。我注意到，长江航运干线的目标，就是经过论证，李部长今天在报告中作了说明，提出了不同的断面标准，南京断面加潮水以后航船达到5万吨级，武汉断面5000吨级，城陵矶断面3000吨级，三峡大坝船闸到重庆这一段是万吨级船队，这就与标准船型有关了，水富1000吨级。这些数据的确定，是经过大量论证作出的。再如，针对三峡大坝，2003年蓄水后，到今年9月开始蓄到156米高程，上个月已经实现了。多年来长江上中游水土保持见了成效。近三年的资料表明，三峡大坝断面的来沙，每年平均只有2.1亿吨，按照我们原来设计的5.3亿吨，是它的40%，三峡大坝蓄清排混，排出的沙比预测的多，达40%，原预计排三分之一，所以到下游的泥沙，每年不足1亿吨。李部长在报告中指出了，对于“清水下泄”在荆江段造成的航道冲刷等问题要进行进一步关注和研究。对于三峡蓄到156米以后，要继续关注和研究其泥沙淤积的规律，为最终蓄水到175米做好准备和论证。这些都说明科研和论证工作加强了，效果会是良好的。

三、长江综合功能的发挥必然促进长江水运事业的发展

对大江大河，讲到治水，讲到开发水力资源，都要讲到水利枢纽这个词，其含义就是在长江干一项工程、干一项事业，必须要统筹它的防洪、航运、发电、浇灌、调水、养殖、生态等等功能，这些功能的效用要统筹好，所以在李部长的报告和张茅副主任的讲话中，我注意到都提出要协调好交通、水利、国土资源、环保、电力等之间的关系，这是很关键的环节。我这儿可以举几个细节的例子。在李部长的报告中，讲到水力资源开发利用时，要注意考虑避免新的闸、坝碍航。我联想到我们在搞新一轮的码头、港口设施建设的时候，促进航运发展，就要避免出现新的妨碍泄洪、行洪，这个很重要，必须要和水利部门密切配合。再比如刚才湖北省提到两个大工程正在实施，三峡工程还没竣工，又一个世纪初叶的大工程——南水北调正在进行，两周前我正好随着人资环调研组调查南水北调东线的水质问题，走到江苏，从南京到江都，对于从江都水源取水经过大运河送到山东继续送到河北天津等，沿路对水质的保证还是很担忧的。所以我注意到江苏省在报告中，对于

十一五期末，空气质量指标要达到国家二级标准有信心，对于处在下游的江水质量未提标准，只讲明显改善。说明保证好水质还是很难的。保护水质和航运是什么关系呢，刚才我注意到，重庆市讲话中，谈到船运的污染问题。随着航运事业的发展，船舶可以大型化、先进化、标准化，但是数量的增长趋势也是不可避免的。船舶数量的增加不应引起污染同比增长。今年 1 月 1 日交通部发布的《中华人民共和国治理船舶污染内河水域的规定》已经实施。借此机会，建议一定要严格该法规的执行力度，来适应长江航运的进一步发展。航运发展同时加强环保。这样像江苏省提到的打造绿色的黄金水道就不仅仅是口号，而是可以实施的。以上我简要地从三个方面讲了体会，同时提点建议。

我们这一代人很幸运，正在从事振兴中华的大业，我相信，我们都有一个共同的信念，经过我们的努力，让古老的母亲河焕发出崭新的青春一定能够实现！

谢谢大家！

国家发展与改革委员会副主任张茅在长江水运发展协调领导小组第一次会议上的发言

（2006年11月21日）

尊敬的李盛霖部长，尊敬的梁保华省长，尊敬的各部门、各省市领导，同志们：

今天，很高兴能有机会应邀参加我们长江水运发展协调领导小组第一次会议。黄菊同志在致信中对长江水运发展提出了新的要求，刚才，盛霖同志的讲话、保华同志的致辞和四个省市领导同志的发言回顾了一年以来，在国务院领导下各部门和沿江省市合力建设黄金水道，促进长江经济发展的工作。这项工作十分重要，已经有了一个良好的开端。我们相信经过各部门各省市的继续努力，这项工作将会做得更好。下面，我就密切协作，加快长江航运发展谈三点意见：

一、发展长江航运是落实科学发展观，实施可持续发展战略的要求

长江沿线是我国横贯东中西部地区的重要经济走廊，处于我国交通运输的繁忙地带。“十一五”期间，随着社会主义市场经济的稳步发展，沿江产业和产品结构已经趋向多元化，除传统产业转型升级外，高新技术产业和高附加值的产品逐渐增多。由此，引发了长江货运结构也出现了一些新的变化。比如，在大宗物资持续增长的同时，集装箱、液体化工品、进口铁矿石、滚装汽车等货物运输也快速增长。长江在服务国家西部开发战略，贯通西南出海通道，发展流域经济等方面将进一步发挥它特有的作用。

党的十六届六中全会部署了构建和谐社会的重大战略，“十一五”规划纲要为我们描绘了未来发展的宏伟蓝图。长江“黄金水道”是我国唯一贯穿东中西部地区的水路交通大通道，具有航道里程长、运输能力大、占用土地少等优势，充分发挥这些优势，服务于流域经济的发展，符合构建和谐社会和贯彻落实规划纲要的要求。

我国各种运输方式的发展，客观上与我国的经济地理特特征和基本国情相适应，单一运输方式的发展和优化，往往也要从综合的角度予以审视和衔接。长江是我国沿长江综合运输大通道的组成部分。在这个大通道中，我们认为要把发展水上运输作为优先发展的内容，就是要发挥长江航运优势，重点要加强长江干线航道的治理，主要支流航道的梯级开发，长江三角洲高等级航道网和沿江主要港口集装箱、大宗散货码头的建设，以及

扩大三峡过坝运输能力，千方百计使航运和港口企业改变以往单一的运输、装卸功能，逐步向集运输、装卸、仓储、配送、加工、商贸等综合方向发展；在充分发挥长江水运作用的同时，也必须做到各种运输方式的协调发展，特别是发挥公路、铁路对长江水运的互补作用。这一点，我们也可以借鉴国外好的经验。比如在欧洲莱茵河水运通道中复线铁路、高速公路和水运共同发挥作用就是一个好的典型例子。将长江航运的发展融入综合运输体系中，并与公路、铁路、航空、管道等运输方式有机结合，才能充分发挥“黄金水道”的最大经济效益，这也是建立现代综合运输体系的需要。目前，沿江高等级公路、沪汉蓉铁路客运专线也都在建设之中，实际上是对一个综合交通运输体系的完善。

二、我们所做的相关工作

为了发挥长江“黄金水道”的优势，不断促进流域经济发展，近年来，我们高度重视长江的防洪、航运、生态、环保、土地利用等方面的综合开发和利用，积极配合有关省市以及水利、交通、电力、工业等部门的工作。

根据中央领导同志的指示，国家发改委会同国土资源部、环保总局、水利部、交通部共同研究了在南京以下长江岸线建设国际重要海港区的问题，提出应充分发挥地方相关省市积极性，形成中央与地方、地方省市间共同实施长江南京以下河段综合治理的合力，积极为南京以下国际重要海港区建设创造条件。

这个工作主要是与交通部和有关部门制定了一系列的规划。如我们目前正在组织编制的《长江三角洲地区区域规划》，主要包括区域综合规划以及综合交通、产业发展布局、能源、城镇空间布局、土地利用、环境保护与生态建设、人力资源开发、创新体系发展等 8 个专题规划。在区域综合规划中，包括规划实施的政策和措施，加强和建立协调机制，现已完成了相关的研究分报告，已进入到规划文本的编制和完善阶段。此外，我们还将进一步会同水利部、交通部等有关部门和江苏省、上海市就《长江口综合整治开发规划要点报告(2004 年修订)》涉及的统筹岸线利用与航道河道治理、供水安全和生态环境等各方面因素，做深入专题研究。

根据沿江社会经济发展，铁路、公路、城市通道需求等，2010 年、2020 年前还将建设若干条跨江运输通道。目前，国家发改委已经上报国务院审批《长江干线桥梁(隧道)建设规划》。待国务院批准该规划后，在长江干线要建设的跨江桥梁或越江隧道都要按照规划来实施。

另一项规划是我们与交通部已编制了《全国内河航道与港口布局规划》。这项规划将长江干线航道治理、长江三角洲航道网建设、主要支流航电枢纽及沿江集装箱、矿石、煤炭、石油化工品码头建设放在突出地位。实施这项规划，对促进沿江产业密集区的形成，区域内主要城市的经济辐射带动作用，推进协调发展具有重要意义，这项规划将报请国务院审批。

我们还会同交通部研究落实了长江口深水航道治理一、二期工程，取得了良好效果。正在实施的三期工程将进一步改善长江口航道条件。对盛霖同志提到的“有条件时实施12.5米水深航道继续向上延伸”的意见，我们积极支持，需要我们配合做的工作，我们将会努力完成，也请有关地方配合交通部、水利部的安排，抓紧航道项目的前期论证工作和报批手续，争取尽快实施。

为了切实贯彻政府职能、构建和谐社会的需要，国家发改委和交通部正在会同有关部门编制的《国家水上交通安全监管和救助系统布局规划》，也包括了长江水上安全的规划。这项规划正在研究和审理中，完善后也将上报国务院审批。

三、关于下一步工作的设想

鉴于长江航运发展涉及面广，涉及的部门较多，我们将继续努力，与水利、交通、环保、国土等有关部门和沿岸地方政府密切协作，共同推进长江航运和流域经济协调发展。

一要加大地方政府的资金投入。长江航道是公益性基础设施，应以政府投入为主。中央政府资金将重点支持长江航运干线、主要支流航道和主要港口公用基础设施建设；地方各级政府要安排财政性投入，统筹交通建设资金，用于水运基础设施建设，还要注重发挥市场配置资源的基础性作用，引导、调整沿江产业布局，鼓励社会资金投资长江航运基础设施建设。

二要注重资源的综合和有效利用。在制定长江航运发展战略规划时，要密切与相关规划进行衔接，包括流域规划、防洪规划、综合交通网发展规划、土地利用总体规划、城市总体规划等。在实施过程中，要加强与沿江省（市）政府和相关行业的协调，妥善处理发展过程中出现的问题，实现水运与相关行业的共同协调发展，实现长江航道、港口、船舶协调发展，港口与所在城市、港口与周边环境的协调发展。

谢谢大家！

国务院三峡工程建设委员会办公室副主任高金榜在长江水运发展协调领导小组第一次会议上的发言

（2006 年 11 月 21 日）

非常感谢李部长、徐部长把三峡办作为特邀代表，参加这个会非常高兴。我来之前，对这次会议内容还不了解，抱着来听听，学习学习的想法。今天一听，才知道这次会与三峡工程还真有关系。李部长好几处都讲了三峡的事，今天在座的七省两市都是三峡的紧密层，因为三峡进展到现在，这些省市对三峡支持最大，也最关心。今天利用这个机会，也向各省市对三峡的关心表示感谢，对交通部对三峡工程的支持表示感谢。李部长上任不久就到三峡，还有水利部、国土资源部、财政部都是三峡工程的最直接的支持者、领导者。

那么今天研究长江黄金水道，三峡处在什么位置呢？三峡工程今年 10 月 27 日“156 米”蓄水正式完成，这次蓄水用了 37 天。因为今年的水来得少，所以从 135 米到 156 米用了 37 天，这次蓄水还比较平稳，老百姓反映是不知不觉地 156 米就蓄完了。前一段家宝同志和培炎同志批示要对三峡蓄水进行检查监测，所以三峡办召集 10 个部门到库区进行了检查。蓄水 10 天后去检查，只检查了蓄水过程有什么问题，三峡工程对生态环境的影响还需长时间的观察。将来通过水的一涨一落还会形成其它的问题，目前有很多问题不能暴露。这次检查，向大家报告一下，枢纽工程现在是 14 台机组满负荷发电，今年发电将近 600 亿度，机组经过一段时间的考验，运行正常。三峡船闸单线运行比较正常。三峡的干流、支流水质基本保持和以前差不多。没发生卫生防疫传染病等问题，这说明我们清库清得比较彻底。还有饮水的水源地、取水口水质也没有什么变化。再就是地质灾害，在国土资源部领导下，在两省市的努力下，156 米以下的工程基本稳定，当然明年汛期水位降到 145 米以后，地质灾害是否稳定还要经受考验，目前地质基本稳定。最近清样还登了湖北的随州有地震，说是不是三峡蓄水引起的，其实就和今年的长江来水很少是三峡造成的说法一样，没什么科学根据。经过监测系统监测，情况和我们预料的没什么差别，最大的就是 2.5 级左右。过去三峡的地震一年发生几千次，有的是煤矿、溶洞塌下来造成的震动。这次蓄水，有些溶洞、废矿淹掉了，一塌下来也震一下，这都是正常的，所以引起地震的情况不是三峡造成的。移民情况，移民情绪也是比较稳定，现在重庆

市、湖北省把这件事当成头等大事，因为三峡100多万移民在库区，外迁到11个省市的只是一小部分，只有10万人，120多万还在库区，现在的情况还是比较稳定。当然最近搞后扶，对三峡的移民有一些波动，我们正在研究怎么搞三峡的后扶，也向移民讲清楚国家对三峡移民是关心的，后扶政策正在落实。问题就是这次蓄水把156米以下的好地都淹掉了，现在他们的地逐渐少了，质量又差，收入下降，今后要加大扶持力度。总的来说，三峡工程进展非常顺利，提前一年蓄水到156米，发电的效益很好。从蓄水以来，一共发了1000多亿度电，送到了江苏、上海、广东，沿江省市对三峡支持很大，现在也见点回报。由于大坝修起来了，水位上升，三峡大坝上游航道改善了，所以运输的成本下来了，量急剧增加，2002年在135米没蓄水之前，葛洲坝的最高通过量是1800万吨，今天上午李部长讲了通过是4000万吨，翻了一番。但是现在船闸单线运行还有压船情况，平均每天压500多艘，但这是暂时的，几个月船闸就修完了。最近我们三峡办组织有关部门，在商量提高过闸的效率，再想些办法，如铁路分流一些，渡过这个难关。这是三峡目前的情况，请大家放心，目前还是比较顺利的，也希望各省市、各部委继续支持我们的工作，把这项工作完成得更好。

我听了今天各位领导的报告，非常受启发，长江黄金水道如何把它打造更好，对国家的经济发展是非常重要的。长江流域，经济总量占全国重要地位，非常重要。按流域连接东、中、西部地区来组织经济发展，我觉得是一个创新。现在国家有东部办、中部办、西部办，那都是一个区域的经济发展的概念，用长江把西部东部和中部连起来，我看是一个新的模式，也符合当前建设和谐社会的指导思想，有利于东部支持西部这个指导思想。这个协调小组我认为非常重要。沿江各省市都非常支持这个组织，这个组织对沿江各省市的经济社会发展将起到很大的作用。三峡工程将是长江黄金水道运输关键性工程，三峡这块可能将来成为长江的一个限制口。要研究提高三峡地区综合运输能力。我觉得一条是提高过闸效率。首先要科学调度，科学地组织，缩短过闸时间。其次是船舶标准化、大型化，这是非常重要的。第二条措施就是抓紧建设升船机，客船就从升船机走了。第三就是搞翻坝的形式。三峡在断航的时候，出现了一种新的运输方式，就是把汽车放在摆渡船上，上面运下来之后到坝前下来再过坝，已形成了一种新的运输模式就是滚装船，现在有新型的滚装船，交通部也把它标准化了，能载几十辆大型的卡车。目前翻坝还是暂时的。从长远来看，必须把翻坝公路建好。将来左岸专用公路要对外开放，右岸还要修翻坝公路，专门用来翻坝。这种形式对三峡地区提高运输能力是很有效果，减轻船闸的压力。最后就是要提高综合运输能力。上午张茅同志讲的，将来三峡这个限制口，公路、水路、铁路、航空都要综合运用。目前在交通部的支持下，重庆到万州的高速公路已经通了两年了，万州到宜昌的高速公路不久也要通车，铁路万州到重庆的已经通了，宜

昌到万州正在修，如果把铁路和公路配合上，综合运输能力就上去了，对中西部的经济发展非常有好处，这是三峡的发电和航运起到的作用。今年156米蓄水后，大坝全面挡水，对下游的作用，对沿江各省市的防洪起到很大作用。再一个是加强水污染防治和保护生态的问题，上午各位领导的讲话都提出建设绿色通道、加强生态保护等。我想在航运中水上流动污染源一定要控制好。这次我们去检查，我看沿江有好多的油码头都配备了应急措施，防油围栏。还看了船上垃圾与陆上交接，手续很严。有些大船都装上了污水处理装置。长江现在水质是七大江河最好的，总体保持在二类到三类，将来南水北调还要在三峡这取水。长江水资源也是我们国家的战略资源，所以水质保护已经提到我们国家重要的日程上来。流动污染源控制一定要加强，船型标准化和船上垃圾污水的处理工作一定要加强。目前看人们的观念已经逐步建起来了，环保设施已经逐渐配备起来了，关键是要完善这个机制。交通部已经采取措施了，非常好。

另外，各位领导都提到了三峡蓄水以后，水变清了，对下游有很大影响，过去估计泥沙问题很大，目前看来泥沙问题不是想象中那么严重。一个是长江上游建水库很多，把沙子都拦在上面，另外上游生态建设也起了作用，所以泥沙少。但是泥沙少了又带来了下游的清水下泄把河床冲刷，塌岸的问题出现了。这些问题不及时解决，可能对航运有很大的影响。总的说三峡还有两大问题，一个是生态问题，一个是移民问题，解决这两大问题可能还需要较长时间，所以国务院决定在2009年以后，三峡基金再继续延长一段时间，这些钱主要还是用在长江上，用在三峡库区生态环境的建设上，把三峡工程建成世界上一流的工程。过去我们是重工程轻移民轻生态，现在是三者都重，而且后两者更重。泥沙是生态问题，上游中游下游的河床整治也是生态问题，在这方面三峡办一定配合水利部、交通部把长江这些事管好，争取国家更好的政策，把长江流域管理、维护、建设得更美。这个目标经过大家努力会达到的，会像欧洲莱茵河一样青山绿水，两岸风景如画。我去瑞士，它的人口密度不比三峡少，但是人家建得非常好，水很清，看到石头，我想它经过40年，我们再经过一、二十年能不能见成效，江水上的客船、游船都非常靓丽，那时候长江流域的经济社会发展会更美、更强盛。

这次来受到很大的启发教育，学到了很多。我们一定配合交通部，把这件事做得更好。

谢谢大家！

加快建设　深化合作　推进长江水运和流域经济和谐发展

——上海市副市长杨雄在长江水运发展协调领导小组第一次会议上的发言

（2006 年 11 月 21 日）

尊敬的李部长，各位领导，同志们：

去年 11 月 28 日，由交通部牵头、长江沿线七省二市共同参加的“合力建设黄金水道，促进长江经济发展”高层座谈会在北京召开。这次会议对于长江水运和流域经济发展，具有重要意义。今天，我们再次相聚，在交通部的组织领导下，总结交流一年来的工作经验，共商“十一五”长江黄金水道建设大计，非常必要，也非常有意义。

下面，我代表上海市就有关工作作一个发言。

一、积极落实长江水运发展战略，努力在“建设、对接、合作、研究”上见成效

一年来，上海市同沿江兄弟省市一起，在交通部的支持和指导下，全面贯彻去年座谈会的精神和会议纪要要求，重点围绕“加快建设、加强对接、积极合作、深化研究”等四个方面，积极推进长江黄金水道建设和水运发展的各项工作。

（一）立足于服务长江水运大局，不断加快港口建设

按照交通部推进长江流域沿海港口建设、服务长江水运发展的目标要求，上海港口建设正在有序推进。在交通部与兄弟省市的大力支持下，洋山深水港区一期工程于去年底顺利开港运营；到今年年底，洋山二期 4 个 7 万吨集装箱泊位也将竣工投入使用。洋山深水港是上海国际航运中心建设的标志性工程，更是参与长江黄金水道建设、服务流域经济发展的重要江海枢纽。据预测，2006 年洋山港区全年可以实现 300 万标准箱的预期目标；同时，通过长江干线水水中转而进出上海港的集装箱吞吐量也将达到 195 万标准箱左右，实现同比 22% 以上的快速增长。长江流域的沿海港口建设与长江水运发展正在形成互为基础、互为支撑、良性互动的局面。

（二）立足于推进水运通道对接，加强内河航道规划建设

航道是长江水运发展的核心要素之一。对上海而言，内河航道既是实现江海对接的纽带，也是实现与兄弟省市有效对接的水上通道。近一年来，上海从多方面着手，推进内

河航道建设。在内河发展规划方面，以交通部与上海联合批准的《上海内河航运发展规划》为基础，将《上海内河"一环十射"高等级航道网规划》正式纳入上海城市规划控制范围。同时，还先后制订了与之配套的芦潮港内河集装箱港区详细规划和外高桥内河集装箱港区详细规划。在内河航道建设的投融资机制方面，通过对航道建设资金筹措方案的深化研究，确定了上海市内河航道投资、建设主体，明确了内河航道建设的资金来源渠道。在具体建设工作方面，2005 年 12 月 20 日，赵家沟航道整治工程正式开工，标志着上海"十一五"内河航道整治工程全面启动。目前，赵家沟航道整治工程、大芦线（临港新城段）一期航道整治工程均在全面建设过程中。同时，上海正积极开展苏申外港线、杭申线、大芦线（大治河段）二期航道的项目前期工作。上海内河航道建设是长江黄金水道航道建设的一个有机组成部分。建设好上海的高等级内河航道，将为构建长江水运航道网、实现水运通道全面对接发挥应有的作用。

（三）立足于实现和谐共赢，积极开展交流合作

服务长三角、服务长江流域，是上海港的主要目标。上海市委、市政府一直强调上海港要在加强与长三角和长江流域港口的交流合作中谋求和谐共赢。在长江黄金水道建设和长江水运发展战略的指导下，上海港的主体运作企业——上海国际港务集团，在资本、技术和管理等方面，与长江沿岸各地加强合作，共同带动和培育长江流域的区域性枢纽港。2006 年 2 月，上海国际港务集团和重庆港务集团签订了战略合作协议。这是继上海国际港务集团与南京港、武汉港合作后的又一重要合作项目。

（四）立足于拓展水运市场，努力深化研究论证

为了落实长江水运发展战略，上海各有关部门在近年来的实践基础上，对江海联运模式进行了研究。推进江海联运，不仅是上海国际航运中心建设大力发展水水中转的要求，也是发展长江内河水运、拓展内河水运市场的要求。经过近一年的探索，上海市港口管理局于 2005 年底完成了江海联运的 ATB 船型和运营模式的研究，并在洋山开港后，由上海国际港务集团运用到外高桥至洋山的穿梭巴士上。2006 年，上海海事、船研等部门在交通部有关部门的支持下，围绕长江到洋山的水水中转，开始深入研究长江至洋山深水港区的集装箱船型、船舶检验及特定水域的航行要求。

二、突出重点，聚焦政策，扎实推进长江水运事业的持续快速发展

推进长江水运发展是一项长期的艰巨任务。从上海方面来看，我们将积极落实这次会议将要通过的《"十一五"长江黄金水道建设总体推进方案》，研究和解决可能出现的各种困难和问题，扎实推进各项工作任务。为此，我们建议：

(一)进一步发挥部省市协调机制作用,共推交流合作

在交通部和沿江七省二市的共同努力下,长江水运发展部省市协调机制已基本形成。今天会议的召开,标志着这一协调机制开始启动运作。大家都对这一协调机制在未来长江水运发展工作中发挥重要作用寄予厚望。我们希望:一方面,通过定期会议的召开和部省市高层之间的沟通来加强长江水运发展协调领导小组的综合领导作用;另一方面,充分发挥长江水运发展协调领导小组办公室的功能,牵头组织交通部及沿江省市的专业部门,集中围绕长江水运规划、建设和管理重点,建立工作机制,共同开展课题研究和项目合作。

(二)积极发展内河集装箱水运市场,共建现代化长江水运

内河集装箱运输是长江水运最为重要的发展方式之一,也是现代化内河水运的代表。同集装箱海运、陆运相比,内河集装箱运输尚处于起步阶段,各方对它的发展都给予了高度重视。希望在交通部的统筹指导下,沿江省市加强交流合作,共同努力,一方面通过航道、船型等硬件条件的改善来支持内河集装箱运输发展,另一方面通过资金、政策的支持来培育集装箱内河水运市场。

(三)努力打造“数字长江”平台,共谋信息互联互通

发展长江水运,必须信息互通。希望在加快基础设施建设的同时,由交通部有关主管部门牵头,各省市参与,共同谋划和推进长江流域水运信息平台的建设。通过这一信息平台的建立,在长江流域范围内实现地区与地区、口岸与口岸、企业与企业、海关与船代之间的信息交换与畅通流转,推进长江水运同沿海海运的信息互联互通,真正实现“数字长江”的目标,推动长江水运向更高水平发展。

各位领导,同志们:

今天的会议非常重要。我们坚信,在交通部和长江水运发展协调领导小组的统一领导下,在长江沿线七省二市的共同努力下,长江黄金水道建设和长江水运发展一定会取得新的突破!上海将一如既往,与各有关方面和兄弟省市携手并肩,密切合作,一起推进我们共同的事业!

谢谢大家!

合力加快黄金水道建设　促进经济社会又好又快发展

——江苏省副省长仇和在长江水运发展协调领导小组第一次会议上的发言

（2006 年 11 月 21 日）

各位领导，同志们：

在学习贯彻党的十六届六中全会精神、全面落实科学发展观、全力推进社会主义和谐社会建设的重要时刻，交通部召集沿江七省两市在这里召开长江水运发展协调领导小组第一次会议，共同签署《“十一五”期长江黄金水道建设总体推进方案》（简称《推进方案》），揭开了长江水运发展崭新的一页。

长江是我国第一、世界第三大河，流域面积占全国的五分之一，流域经济总量占全国的35.3%。加快长江水运发展，合力建设黄金水道，对实施西部大开发、中部崛起和东部地区率先发展三大战略具有重大意义。长江流经江苏 425 公里，其中深水航道 360 公里，是长江主航道中通航条件最好、船舶通过量最大、经济社会效益最为显著的区域。江苏经济社会发展，在很大程度上得益于长江黄金水道得天独厚的资源优势。江苏 13 个省辖市中有 8 个市地处沿江，面积占全省的 47.3%、人口占 55.2%，2005 年地区生产总值、进出口总额和实际利用外资分别占全省的 87%、98% 和 96%，是江苏经济的核心区、外商投资的密集区和进出口贸易的主要基地。可以说，长江是江苏国民经济和社会发展最为重要、最为关键、最为独特的战略资源。

去年 11 月 28 日“合力建设黄金水道，促进长江经济发展”座谈会之后，江苏省委、省政府紧紧围绕中央作出的以上海浦东开发开放为龙头、带动长江三角洲和整个长江流域发展的重要战略决策，按照“统筹规划、合力建设、联动开发、共同发展”的原则，进一步加快长江黄金水道建设。

一是统一认识，把加快水运发展放在更加重要的地位。省委、省政府高度重视水运发展，李源潮书记和梁保华省长专门批示，要求以科学发展观为指导，高起点规划水运发展，高水平建设与经济社会发展相适应的水运体系。省政府专题研究水运发展问题，将水运发展目标列入《江苏省国民经济和社会发展第十一个五年规划纲要》，在统筹推进各种运输方式协调发展中，把加快水运发展放在更加突出的位置。以省政府名义召开了全

省加快水运发展工作会议，制定了《省政府关于加快水运发展的意见》，明确了今后一个时期江苏水运发展的指导思想、总体目标和主要任务。在全省水运发展中，长江水运发展又是重中之重。按照交通部的总体部署和要求，对长江沿线各港口进行合理定位和功能分工，努力通过市场的引导力、制度的创新力、政府的推动力和社会的参与力，合力推进黄金水道建设。

二是统筹兼顾，以长江黄金水道建设为中心全面深化各项规划。根据沿江地区经济社会发展环境，按照合力建设黄金水道的要求，我省深入开展沿江地区发展战略研究，修编完成了沿江沿海港口布局规划、沿江港口锚地总体规划、干线航道网规划和沿江地区产业空间布局规划、沿江城市带建设规划、沿江轨道交通建设规划、沿江城市污水处理规划、沿江生态环境保护规划、沿江自然保护区建设规划和沿江国家级生态城市创建规划等规划，沿江各市人民政府也已基本完成了新一轮港口总体规划及相关规划，形成了全覆盖、多层面、新起点、高标准的规划体系。同时，采取更加有力的措施，强化各项规划的落实，特别是强化沿江产业合理布局，严格按照规划安排沿江产业项目，加强长江岸线、水域及后方陆域土地空间的规划控制，力争把长江黄金水道建设纳入科学、系统、规范的轨道，实现黄金水道和沿江经济可持续发展。

三是加大投入，为经济发展提供更为优良的港航基础设施。"十五"期间江苏投资164 亿元，新增万吨级以上泊位 76 个；目前全省沿江港口总泊位数已经达到 1527 个，其中万吨级以上泊位 187 个。全国黄金水道座谈会之后，江苏沿江沿海港口投资更是大幅度增加，预计今年新增投资 70 亿元，接近于前五年总和的一半，新增码头泊位 46 个，其中万吨级以上泊位 38 个，新增港口吞吐能力 7700 万吨。在港口建设发展中，各级政府加大投入，起到了很好的示范引导作用。今年以来，省级财政安排资金 10 亿元，重点支持港口集疏运通道、航道、锚地等公共基础设施建设。港航基础设施的不断完善，加速了港口吞吐量的大幅度增长，有力支撑了经济社会的持续快速健康发展。预计 2006 年全省完成港口货物吞吐量 8.3 亿吨、集装箱吞吐量 420 万标准箱、水路货运周转量 2452 亿吨公里，分别比去年增长 18.2%、37.5% 和 19.2%。

四是综合整治，不断改善黄金水道的生态环境。在黄金水道建设过程中，我们坚持在开发中保护资源、修复生态，在环保中有序开发、综合利用，努力打造生态环保的绿色黄金水道。最近省委省政府出台了《关于坚持环保优先促进科学发展的意见》，省政府颁布了《关于推进环境保护工作的若干政策措施》，严格执行环境影响评价制度，从源头上把好环境保护关。开展化工行业专项整治，提高建设项目环保准入门槛，规定苏南苏中、苏北地区分别禁止新建单个项目一次性固定资产投资额在 3000 万元、2000 万元以下的所有化工项目。用两年左右的时间，将分散的化工企业集中到通过区

域环评、环境基础设施完善的化工集中区，并加大企业技改力度，确保达标排放。至今年9月底，沿江已关停小化工企业192家，否决申报项目232个。在加固长江堤防1246公里的基础上，加强重要节点综合整治和重点河段崩岸应急治理。将沿江水污染防治作为环境保护工作的重中之重，今年新增城市污水集中处理能力56．5万吨/日，总量达到461．5万吨/日。坚持不懈在沿江地区植树造林，建设生态屏障，今年新增成片林49万亩，总量达到531万亩。经过生态环境建设，长江江苏段干流水质有了比较明显的改善，空气质量基本达到国家二级标准。

这次会议的重要成果就是即将联合签署《“十一五”期长江黄金水道建设总体推进方案》，这是去年合力建设黄金水道会议精神的具体落实，是下一阶段工作的纲领性文件。我们一定认真贯彻党中央、国务院的决策部署，切实落实黄菊副总理重要批示和李盛霖部长的讲话精神，把《推进方案》的各项要求切实落实到位，全面加快长江黄金水道建设步伐。重点做好以下几项工作：

一、强化黄金水道建设的组织领导

把加快长江黄金水道建设，作为各级政府的重要职责，着力从领导体制、组织体系、运作机制、管理制度和队伍素质五个方面进行整合，形成思想高度统一、措施积极有效、部门相互配合、社会积极参与、成效十分显著的长江黄金水道建设新机制。一是省政府建立水运发展联席会议制度，负责组织领导全省水运发展工作。联席会议重点是研究长江黄金水道建设目标、任务和有关政策，形成工作合力，营造更加宽松的环境。二是围绕长江黄金水道建设的要求，统筹水运建设、产业建设、环境建设、城乡建设等各项规划，科学安排水运建设项目，提高规划执行的权威性和严肃性。三是完善水运管理法规体系，研究制定《江苏省港口管理条例》、《江苏省航道管理条例》等地方性法规和政府规章，为江苏水运发展提供可靠的法律保障。四是深化水运管理机制。按照“政企分开、一港一政”的原则，进一步构建上下顺畅、管理规范的港口行政管理体制，保证港口管理部门足够的人员编制和资金，加强港口行政执法，切实强化政府对港口的管理职能。进一步深化海事、引航、航道等管理体制改革，促进水运持续健康发展。

二、高起点规划长江水运发展

按照《推进方案》提出的总体目标和工作任务，今后一个时期我省水运发展的奋斗目标是：到2020年基本建成与国民经济发展相适应、与其他运输方式相协调的江苏水运体系。沿江、沿海主要港口基本实现现代化，形成布局合理、层次分明、功能完

善、便捷高效、环境友好的港口体系。沿江、沿海港口货物吞吐能力达15亿吨，集装箱吞吐能力达到3000万标准箱。全面建成“两纵四横”3455公里高等级干线航道网，实现1000吨级船舶通江达海、联网畅通，干线航道基本实现现代化。“十一五”期间，江苏港口建设要实现“五四三二一”奋斗目标，即：围绕构建上海国际航运中心北翼港口群，加快沿江沿海港口建设，建成连云港、南京、苏州、南通、镇江五个亿吨大港；形成集装箱、原油、铁矿石、煤炭四大重点货种港口的专业化、集约化布局；完善海运直达、江海转运和长江中上游、内陆地区中转联运三大运输系统；初步建成苏州太仓、连云港两个远洋集装箱枢纽港；沿江沿海港口吞吐能力翻一番，货物吞吐能力达8亿吨，集装箱吞吐能力达1200万标准箱。

三、加快港航基础设施的建设步伐

加快港口体系建设，大力发展公用码头，加快大型专业化码头建设。重点加强苏州太仓港区和连云港集装箱远洋干线运输体系建设，发展南京、镇江、南通3个集装箱支线港运输，到2010年新增1000标准箱通过能力。建设南通、苏州太仓、镇江、南京以及连云港大型矿石接卸专用码头，新增3500万吨铁矿石接卸能力。结合我国西北地区产业布局和鲁宁管线、甬沪宁及沿江输油管道布局，完善海进江原油运输体系。充分发挥南京港、徐州港煤炭码头铁水中转功能，扩建5万吨级以上煤炭码头，提升煤炭接卸能力。积极配合国家做好长江口深水航道治理三期工程，加快推进南京以下12.5米深水航道整治工程。长江口深水航道治理工程实施以来，已经取得了明显的经济效益和社会效益。在实施三期治理工程的同时，加快12．5米深水航道上延至南京工程的实施，对于充分发挥长江口深水航道治理效能，节约江海中转物流成本，促进长江中上游地区经济社会发展具有极其深远的意义。江苏将全力配合国家有关部门做好项目的前期研究工作，力争早日付诸实施。

四、优化长江黄金水道建设环境

长江黄金水道建设是一个系统工程，我们将从江苏实际出发，全面优化发展环境。一是加强港口集疏运通道建设。加快建设沿江沿海港口疏港航道，提高港口的内河集疏运能力。加快苏通、泰州、崇启、崇海等过江大桥、沪通过江铁路和港口集疏运通道建设，到2015年全省所有港口均可在30分钟内进入高速公路，南京、镇江、苏州、南通沿江四大国家主要港口实现高速公路通达集装箱核心港区，其他沿江港口主港区与一级公路直接连接，有条件的港口与铁路、油气管道直接对接，全面提升港口枢纽的辐射功能。二是优化港口口岸服务。进一步加强口岸综合管理，实现全天候通关和

一站式通关。加强港口信息化建设，完善港口 EDI 网络服务功能，逐步实现口岸物流信息、港口作业信息及海关等口岸查验部门信息全面对接互动，实现港口口岸管理现代化。三是推动区港联动发展。全面推动沿江沿海保税区、出口加工区与港口联动试点工作，优化完善区港之间功能和资源配置，大力发展现代服务业，构建港口物流基地，承接和吸引境外市场转移，进一步扩展为流域、内陆地区国际中转、国际配送、国际采购和国际转口贸易服务功能。四是加强沿江地区生态建设。优化沿江地区产业布局，优先发展清洁生产和循环经济项目，提高污染物排放控制标准，提高产业环保准入门槛，禁止新上污染环境的项目。加强沿江开发区环境整治，抓好污水处理厂及其配套管网、集中供热、供气等基础设施建设，做到环保基础设施建设与开发区建设同步规划、同步建设、同步使用。推进生活污水集中处理，到 2010 年，沿江地区县级以上城镇生活污水集中处理率达到 80% 以上，努力把江苏沿江地区真正建成经济繁荣、社会文明、发展和谐、生态良好的地区。

合力建设长江黄金水道，是长江流域各省市的共同责任。我们将认真落实这次会议精神，认真学习借鉴兄弟省市的先进经验，在交通部的统一领导下，加快实施《推进方案》，为更好地发挥长江黄金水道的作用，促进长江流域经济社会全面协调可持续发展作出更大的贡献。

谢谢大家！

安徽省副省长黄海嵩在长江水运发展协调领导小组第一次会议上的发言

（2006年11月21日）

各位领导、同志们：

交通部组织召开这次会议，标志着国家“十一五”期间统筹协调长江流域七省二市，合力建设长江黄金水道进入正式实施阶段。下面，我就去年11月28日“合力建设黄金水道，促进长江经济发展”高层座谈会后，安徽所做的工作、下一步工作思路及相关建议，向领导小组会议汇报。

一、安徽高度重视水运发展对全省经济快速健康发展中的推动作用

*安徽有优越的水运条件。*境内有大小河流300多条，分属长江、淮河、新安江三大水系。为充分利用优越的水运条件，“十五”期间，在交通部等中央有关部委的支持下，安徽加大了水运基础设施投资，完成了一大批水运建设项目。目前，全省航道总里程6504公里，通航里程5587公里，分别居全国第7位和第8位；在册运输船舶3.34万艘、1378万载重吨，居全国内河运输船舶保有量第1位。

*安徽水运发展极大地促进了经济发展。*长江黄金水道横贯安徽，沟通了马鞍山、滁州、巢湖、芜湖、铜陵、池州、安庆等沿江重要城市群，并通过合裕线直达省会合肥。利用长江水运的优势，安徽已经在合裕线及长江沿线布局了一批电厂和马钢集团、铜陵有色集团、海螺集团、奇瑞汽车集团等一批大型企业，使沿江地区成为安徽经济发展的核心区域。淮河穿越整个皖北地区，沟通了以“两淮一蚌”为重点的沿淮城市群，是我省煤炭东运的重要通道，沿淮布局了淮南矿业、淮北矿业、皖北煤电、丰原等企业集团。淮河水运对皖北亿吨煤炭基地、双千万千瓦火电基地、农产品深加工基地、煤化—盐化一体化基地，具有重大的推动作用。

二、积极筹划各项前期工作，为合力建设长江黄金水道做好充分准备

交通部组织召开“合力建设黄金水道，促进长江经济发展”座谈会后，安徽省委、省政府迅速凝聚共识，认真贯彻落实座谈会精神，结合安徽实际，积极筹划合力建设长江黄金水道的各项前期工作。

（一）突出抓好水运发展规划编制，强化与其它交通规划的衔接

安徽省国民经济和社会发展“十一五”规划和沿江城市群“十一五”发展规划中，强调要充分发挥长江黄金水道的运输优势，加强内河干线航道整治和内河港口建设，加快发展航运业；配合上海国际航运中心建设，充分利用长江下游重要的深水港区和对外开放口岸优势，提升我省沿江港口作为长江中下游综合性枢纽港口群的地位等。结合交通部《全国内河航运发展战略》、《全国内河船型标准化发展纲要》等水运发展规划，编制了《安徽省内河航运发展规划》、《安徽省内河船型标准化发展纲要》以及马鞍山港、芜湖港、合肥港等10个港口的总体规划，《安徽省长江港口岸线规划》也正在紧张编制之中。

（二）研究制定水运发展政策，积极推进长江黄金水道建设

省政府组织有关部门赴浙江、江苏等地进行调研。在总结各地经验的基础上，省政府拟出台《关于加快内河水运基础设施建设的决定》，进一步完善相关政策，明确部门职责，创新投融资体制，建立高效工作机制，加强水资源综合利用和岸线资源管理。

（三）全力推进“江河水运跨越工程”，建设以长江黄金水道为核心的现代航运体系

国家提出合力建设长江黄金水道后，安徽省委、省政府决定在“十一五”期间实施“江河水运跨越工程”，我省全面建设以四级及以上航道为主体，由“两干三支”水运主通道和“五条区域性重要航道”共同组成的内河航道骨架体系；在引江济淮工程的基础上，把沙颍河、合裕线、芜申运河三条航道连接起来，共同组成长江至河南中原的南北向水运大通道；合理利用港口岸线资源，以深水泊位、专用泊位为重点，加快主要港口和重要港口建设。力争到“十一五”末，初步形成全省内河航道骨架体系，全省四级及以上高等级航道里程达到1400公里，港口年吞吐能力超过3．3亿吨，初步建成长江水系煤炭、矿石、水泥、集装箱等专业化运输系统和淮河水系煤炭运输系统；运输船舶达1500万载重吨，标准化率达70%以上，长江干流船舶平均吨位达到1000吨以上；基本形成干支联网、港站完善、船舶先进、畅通高效、安全环保的现代化航运体系。

（四）组建港航建设投资集团，建立投资主体多元化的投融资体制

省政府在充分调研的基础上，以现有国有港航优良资产为基础，组建安徽省港航建设投资集团公司，作为港航建设的投融资平台，以港航建设投资集团为载体，吸引银行、信托等金融机构的资金投入，放大港航国有资产的投融资能力。同时，鼓励社会资本参与安徽水运基础设施建设。支持大型企业集团参与水运项目的建设和经营。

（五）精心组织设计重点建设项目，认真抓好项目储备工作

按照交通部的统一部署，我省制定了《安徽省“十一五”长江黄金水道实施方

案》，规划投资约120亿元、重点建设项目82个。我们正在有针对性地加快重点项目建设的前期工作进度，为“十一五”水运大发展做好项目储备。一是对国家和省牵头的项目，确定专人或专门工作组，配合、协调各方做好各项前期工作，密切跟踪前期工作进展；二是对市里牵头的项目，要求确定项目法人或项目前期工作责任单位，在规定的时间内完成前期工作；三是要求严格按照相关政策法规要求，认真做好土地预审、环境影响评价、防洪影响评价、水土保持方案等要件的编制和审批工作。

三、安徽将进一步加大工作力度，配合国家和兄弟省市合力建设长江黄金水道

（一）按照长江黄金水道建设总体推进方案的要求，加快长江航道干支联动建设

我们将按照《“十一五”长江黄金水道建设总体推进方案》的进度要求，在交通部等有关部门指导支持下，实行干支建设联动，按时按质完成方案所提出的各项任务。一是配合好国家整治长江干线东流、太子矶航道，到2010年使6米水深航道直达安庆，实现5000吨级海船满载直航。二是开工建设芜申运河，实施沙颍河、沱浍河、兆西河、青通河、顺安河及淮河干流航道整治工程。三是做好沙颍河阜阳船闸、耿楼枢纽工程及蚌埠、裕溪复线船闸建设工程。

（二）配合上海国际航运中心建设，加快沿江沿淮港口群建设

沿江沿淮港口群包括合肥、芜湖、安庆、马鞍山、蚌埠5个国家主要港口及铜陵、池州、巢湖、淮南、六安、阜阳、亳州、滁州等8个重要港口。我们将配合上海国际航运中心建设，积极推进江海联运，建成以芜湖为区域性枢纽中心港、安庆为副中心港的多功能、多层次、多类型的现代化港口群。合肥港重点建设两个1000吨级泊位集装箱码头；芜湖港重点建设朱家桥集装箱一期、西江汽车滚装码头等工程，扩建裕溪口煤码头；安庆港重点建设马窝散货码头、长风铁水联运散货码头，提升集装箱运输能力，扩建石化产品专用码头。马鞍山港重点扩建6号码头、人头矶散货码头，配套建设小黄洲锚地等，以提高钢铁、煤炭、矿建材料运输能力。蚌埠港重点建设新港二期工程。铜陵港重点建设集装箱专用码头、扩建件杂、散货码头二期等，提高冶金材料、矿建材料运输能力。池州港在改造老港区的同时，重点建设江口港区二期工程等，改善港口集疏运条件，提高矿建材料运输能力。巢湖港重点建设和县港区的郑浦码头及无为港区的江坝码头等，提高煤炭、矿建材料及大宗散货运输及集疏运能力。

（三）充分考虑长江黄金水道建设的长远需要，加快沿江沿淮综合交通体系建设

“十一五”期间，安徽将按照“东西向增强便捷程度、南北向消除交通断层、市县间提高通达深度、多种运输方式加强衔接”的总体思路，在公路建设和铁路建设方

面，着眼于沿江各省市的整体利益，充分考虑整个长江流域黄金水道建设的需要，保证过江通道满足长江水运的长远发展，不形成新的碍航设施，新建6座均能满足万吨级海轮常年通航净空要求的长江公（铁）路大桥。同时，以综合性大宗货运中转枢纽建设为重点，依托马鞍山、芜湖、铜陵、安庆等沿江中心城市，实现各种运输方式在港口的高效衔接，建立运能匹配、联运便捷、畅通高效的沿江沿淮综合交通体系。

（四）改造或拆除碍航设施，进一步提高长江黄金水道的通航能力

目前，长江干支流都不同程度地存在闸坝碍航、跨江过河桥梁通航净空不足的问题。近年来，安徽省有关部门不断采取措施，加紧解决历史遗留问题，已经将沙颍河耿楼枢纽、浍河蕲县船闸等工程的实施提上了议事日程，在合裕线等航道建设工程中，部分碍航桥梁也得到了改造。下一步，我们将进一步改造或拆除碍航设施，特别是改造长江干支流上通航净空不足的桥梁和碍航闸坝，结合长江下游通航净空不足桥梁的改造，适时提高芜湖长江大桥等现有过江桥梁的通航净空高度；结合芜申运河建设对宁芜线当涂铁路桥、马芜路当涂公路桥等碍航桥梁进行改造；结合沙颍河整治，对阜阳船闸及沿线相关桥梁进行改造；结合淮河干流整治，对蚌埠老船闸、京沪铁路线蚌埠老铁路桥进行改造等。

四、合力建设黄金水道，协调推进长江水运发展的几点建议

一是建议适度增加安徽建设项目。目前，长江中游深水岸线资源比较丰富，不少地段具备建设深水良港的基础和条件，但尚未充分开发，亟待加快建设。长江中游又处于承上启下的位置，中游畅通对沿海产业向内陆转移、实施中部崛起战略和促进西部大开发都具有重要的意义。从安徽自身实际来看，我省冶金、建材、煤炭等行业规模较大，又是国家大宗农产品的主产区，既需要大量运进铁矿、铜矿等资源，又要大量运出水泥、煤炭和粮食等产品，迫切需要大力发展运量大、成本低、能耗省、占地少、污染小的水路运输。因此，希望国家能够增加兆西河、顺安河、秦通河建设项目，以中游建设盘活黄金水道建设全局。

二是建议进一步加大资金投入的力度。目前，水运建设投入严重不足，特别是没有建立起稳定的资金渠道和良性循环的自我积累机制。建议国家继续实行港口建设基本金补助制度，同时设立黄金水道专项资金，向长江干线岸线资源开发度相对较低的省份倾斜；继续实行“以陆补水”政策，增加国债资金投资水运建设的规模；鼓励各方大胆探索市场化的筹资办法，充分调动民间资本和外资参与水运建设的积极性。

三是建议进一步完善合力建设黄金水道的协调机制。合力建设黄金水道重点是建

立坦率的对话机制和高效的协调机制，统筹规划，协同建设，下决心解决单个地区无法解决的问题。建议交通部等中央部委加强指导，各省市间加强交流与协商，互相理解与支持，主动解决影响临近地区特别是整个长江黄金水道建设的问题，真正做到上下同心，合力推进，共同发展。

谢谢大家！

抓住水运建设机遇　促进江西中部崛起

——江西省副省长凌成兴在长江水运发展协调领导小组第一次会议上的发言

（2006 年 11 月 21 日）

尊敬的李盛霖部长，各位领导、同志们：

交通部、沿江七省二市领导同志云集江苏南京，再次共商“合力建设黄金水道，促进长江经济发展”大计，非常重要、非常及时、非常务实。我们将根据这次会议精神，认真落实黄菊副总理的重要指示，认真落实李盛霖部长等部领导的重要讲话，认真落实会议签署的《推进方案》，全面完成江西水运建设的各项工作任务。下面，我作个简要的汇报。

一、充分认识长江黄金水道建设的重大作用

江西拥有 156 公里长江黄金水道以及赣江、信江、抚河、饶河、修河五大水系和全国最大的淡水湖——鄱阳湖，具有发展水运得天独厚的条件，航道里程居全国第八位，达 5716 公里，是水运比较发达的省份之一。

建设长江黄金水道，对于江西实施“以工业化为核心，以大开放为主战略”的战略决策有巨大的带动作用，对于江西实施“对接长珠闽、融入全球化”的战略方针有巨大的带动作用，对于实现江西在中部地区崛起的宏伟目标有巨大的带动作用。我们省委、省府高度重视长江黄金水道建设，省委书记孟建柱、时任省长黄智权、现任代省长吴新雄多次深入水上交通调研，谋划水上交通发展大计，强调要依托长江优势、抢抓发展机遇，重振水运事业、加速江西崛起。

近年来，在中央的正确领导下，在国家部委的关心支持下，江西经济建设呈现强劲势头；江西开放型经济呈现强劲势头；江西交通建设呈现强劲势头，特别是高速公路建设、农村公路建设、航道港口建设。“十五”时期相继建成了南昌至湖口高等级航道和南昌集装箱码头等一批部、省重点工程，航道等级的提高和码头设施的改善，有力促进了全省船舶拥有量、货运量的大幅增长。一是船舶运力成倍增长，2005 年，全省船舶总量达到 5545 艘，130 万载重吨，分别是 2000 年的 1.23 倍和 2.66 倍；二是集装箱船舶成倍增长，2005 年箱位量是 2000 年的 2.67 倍，2005 年九江港、南昌港集装箱吞吐量是 2000 年的 3.33 倍；三是水

运货运量成倍增长，吞吐量突破 1 亿吨，2005 年全省完成水路货运量 13464 万吨，是 2000 年的 3.36 倍。水运主要指标在全国位次大幅度前移，在中西部省份位居前列。

二、科学编制长江黄金水道建设的总体规划

《江西省"十一五"经济和社会发展规划纲要》提出了"十一五"时期"全省基本形成较为完善的综合交通运输体系，全面提升综合交通能力"的发展目标，要求加快发展长江和鄱阳湖航运，形成以九江为龙头，以鄱阳湖水系航道为脉络的干支直达、江海联运的水运网和与长江多式联运配套的港口体系。根据"十一五"规划目标，编制完成了《江西省公路、水路交通"十一五"发展规划》、《江西省内河航运发展规划》、《江西省海事总体规划》、《南昌港总体规划》、《九江港总体规划》等专项规划。按照交通部要求，编制完成了《"十一五"长江黄金水道建设江西省实施方案》，策应长江黄金水道建设，为沿江经济发展发挥更大作用。江西"十一五"水运发展的基本思路是依托长江，发展内河，建设三大体系，推进水路与公路、铁路、航空协调发展。

一是建设以长江干线、赣江、信江主通道为骨架，区域性重要航道为支持，一般航道为基础的通江达海内河航道体系和水运体系。"十一五"期间将建设由长江干线、赣江、信江组成的"两横一纵"高等级航道 1052 公里，赣江东河、信江西大河等区域性重要航道 521 公里和一般航道 231 公里。

二是建设以九江、南昌港口为辐射，区域性重要港口为支持，一般港口为基础的层次分明、功能完善、布局合理的港口体系。重点建设九江、南昌两个全国性重要港口及赣州、吉安、樟树、瑞昌、彭泽等区域性港口。九江港还制订了依托黄金水道、深水岸线、国家一类口岸的优势，建设三大物流园区、十大中心和十大市场的发展策略，构筑以现代综合交通体系为主的物流运输平台，打造赣、鄂、湘区域性转港贸易物流中心。

三是建设以"江西省水上搜救中心"为主体的管理信息化、反应快速化、监管立体化、装备现代化的水上交通安全和公共安全保障体系。重点建设江西省水上搜救中心及鄱阳湖、仙女湖、柘林湖分中心，仙女湖、柘林湖 GPS 卫星定位监控系统，实施港航管理信息化系统等。

为落实黄金水道建设江西省实施方案，我省积极开展了相关前期工作。《赣江石虎塘航电枢纽工程预可行性报告》国家发改委、交通部已委托交通部规划研究院进行了评估、审核，待国家发改委批准立项；《赣江东河四级航道整治工程可行性研究报告》省发改委已批复立项；《南昌港集装箱码头二期工程可行性报告》已编制完成；赣江南昌至湖口三级航道建设已经竣工交付使用，开创了我省高等级航道建设的先河，为全省航道建设积累了宝贵的经验，在此基础上，南昌至湖口二级航道整治工程前期工作已全面展开，南

昌至湖口主通道再上一个等级，这将是对我省黄金水道建设的有力支持，对全省水运发展具有重要意义。

三、认真落实长江黄金水道建设的关键措施

（一）完善实施规划的保障机制

我省将根据黄金水道建设规划和省实施方案，充分发挥市场配置资源的基础作用和政府的宏观调控作用，综合运用经济、法律和必要的行政手段，建立和完善有利于规划实施的保障机制。属政府职责内的规划项目，由政府组织人力、物力、财力予以实施。对于可由市场运作的规划项目，由政府制定政策、优化环境、引导投资，推进规划的实施。

（二）加快重大项目的建设进度

我省在编制水运发展规划和黄金水道建设实施方案中，加强了与全省经济社会发展规划的协调衔接，保证了规划目标一致，任务措施一致，年度计划一致。当务之急是加快重大项目的建设进度，发挥重大项目带动作用，促进水运规划的全面实施。根据交通部的安排，我们着力抓好以下三个项目：赣江石虎塘航电枢纽工程，计划 2007 年底完成初步设计，争取 2008 年下半年开工建设；樟树至南昌高等级（三级）航道建设工程，去年底已开工建设，2007 年建成投运；赣江东河（南昌—瓢山）四级航道建设工程，今年底完成初步设计，2007 年 3 月开工建设，2008 年建成投运。同时，其他项目也将积极筹资、全面展开，以确保工程质量、确保工程进度、确保整体推进。

（三）多方筹措水运发展的建设资金

按规划匡算，到 2020 年我省航道、港口、支持保障系统建设投资规模为 100 亿元。其中航道建设 60 亿元，港口投资 33 亿元，支持保障系统投资 7 亿元。我省将从以下几个方面研究解决建设资金问题。一是研究建立内河航运建设基金，采取“以陆补水”和从省公共财政划出一定资金，专项用于水运基础设施建设。二是研究建立船舶更新改造基金，引导船舶向大型化、专业化、标准化方向发展。三是研究赣江石虎塘航电枢纽工程有关水库淹没赔偿和移民安置的优惠政策。同时，恳请交通部继续大力支持，恳请中央财力继续大力支持。

建设长江黄金水道，发展水运生产力，促进长江区域经济科学发展、协调发展是建设资源节约型、环境友好型社会，保障长江水运可持续发展的重要战略部署。我省将以本次会议为新的起点，全面落实科学发展观，认真贯彻党的十六届六中全会精神，虚心学习兄弟省市的先进经验，加快黄金水道建设，实现江西经济社会发展的新跨越。

谢谢大家！

合力推进长江黄金水道建设　着力构建江海联运物流通道

——湖北省副省长任世茂在长江水运发展协调领导小组第一次会议上的发言

（2006 年 11 月 21 日）

各位领导、同志们：

进入新世纪，长江流域已成为我国经济总量规模最大、实力最强和最具发展活力的经济带之一。建设长江黄金水道，构建江海联运物流通道，充分发挥水路运输运量大、能耗小、成本低、占地少、污染轻等比较优势，是贯彻落实科学发展观，统筹区域发展，统筹人与自然和谐发展，推进节约发展、清洁发展、安全发展，实现经济社会全面协调可持续发展的重大战略。今天，交通部主持召开专题会议，来自国务院有关部委和沿江七省二市的领导和专家齐聚山川秀美的历史文化名城南京，共商“十一五”期间长江黄金水道建设总体推进方案，意义十分重大，必将有力地推动湖北全方位融入长江经济带，促进我省经济社会又快又好发展。

下面，我结合湖北实际作个简要发言。

一、湖北是构建江海联运物流通道的重要枢纽

经过多年的发展，长江湖北区段已经具有了较强的经济实力、较好的发展条件和明显的区域性特色，拥有独特的有利条件和明显的比较优势：

（一）湖北在全国水路交通布局中具有重要的战略地位

湖北地处长江黄金水道中段，具有“得中独厚、得水独厚”的水运优势。我国两大宏伟水利工程，即三峡水利枢纽工程和南水北调中线工程，均在湖北境内。就水路交通看，湖北通航河流 229 条、通航里程 8385 公里，居全国第 6 位；国家规划的 20 条水运主通道，在湖北境内有长江、汉江和江汉运河 3 条，其中长江在湖北境内里程为 1038 公里，占长江干线航道的 36%；国家规划的长江 11 个内河主要港口，湖北就有武汉、宜昌、荆州、黄石等 4 个。长江的舟楫之利，惠泽东西，福祉两岸，历来是中华文明进步的巨大推动力，水资源更是湖北参与市场竞争的一个比较优势。

（二）湖北是长江上、中、下游整体联动的关键区域

根据交通部港口建设规划，将以上海国际航运中心为龙头，发挥南京、武汉、重庆港的核心作用，构筑武汉、重庆长江中、上游航运中心。届时，重庆、武汉、上海作为长江西南、中部和下游的航运中心均匀地分布在“黄金水道”线的不同节点上。以武汉为中心，立足湖北、服务华中、面向全国、连接世界的华中现代物流中心区的建成，将使武汉航运中心作为内陆的最大港口，充分发挥辐射内陆、服务内陆的枢纽功能，不仅成为上海国际大港在长江上的最大“喂给港”，形成中西部货物聚集到武汉、武汉“喂给”上海，上海通向海外的水运格局，而且还将集集装箱集并和转运、大宗货物中转和接卸、商品汽车运输等专业化集疏运“三个枢纽”于一体，开辟武汉到香港、日本、韩国等航线，为沿江城市特别是内陆城市提供江海联运的外贸物流快捷通道。

（三）湖北是长江流域正在崛起的中西部物流中心

经过多年的建设和发展，湖北已形成以众多大中型企业为骨干，以汽车、冶金、化工、轻纺和光电子信息产业为支柱的门类比较齐全的现代工业体系，是全国重要的钢铁基地、汽车生产基地和磷盐化工生产基地，也是全国重要的纺织工业基地和新兴的光电子信息产业基地之一。随着“中部崛起”战略的实施和武汉城市圈的建设，湖北客流物流还会迅猛发展，对水运的依存度将明显增强。我省沿江规划布局和建设的一批重大项目，如武钢1400万吨钢、武汉80万吨乙烯、以东风汽车为主的140万辆汽车，还有国家在我省规划的磷矿基地建设，以及我省现在每年消耗60008000万吨左右的煤炭等等，这些大宗货物运输市场对我省水运发展提供了巨大需求和空间。

二、湖北水运振兴工程全面启动并初见成效

湖北省委、省政府历来高度重视长江水运发展，特别是北京“11·28”座谈会以来，我省采取切实有效的措施，把座谈会上的普遍共识变成行动纲领并狠抓落实，现已初见成效。

（一）着力打造中西部水运强省的发展蓝图已经绘就

今年4月，党中央、国务院颁布的《关于促进中部地区崛起的若干意见》（中发〔2006〕10号）明确提出：要积极发展水路运输，加快长江黄金水道建设，推进江海联运；要加强长江中游地区航道疏浚治理，改善航运条件，实施“航电结合、滚动开发”；要加强内河港口设施建设，发展集装箱、大宗散货运输。在此基础上，我省就发挥长江黄金水道的优势和作用进行了专门研究，省政府颁布了《湖北省内河航运发展规划》、《湖北省港口布局规划》、《湖北省“十一五”交通发展规划纲要》，力争到2010年，基本实现“航道网络化、港口机械化、船舶标准化、管理信息化”的目标，中西部水运强省初具雏形。

“十一五”我省港航建设投资总规模将达到203.4亿元(含交通港航部门投资101亿元,长江航道建设10亿元,水利部门投资兴隆、新集、碾盘山枢纽建设70.6亿元、引江济汉引水工程21.8亿元)。我省水运事业发展重点:一是努力实现“六大突破”。即:基础设施建设投资规模实现突破,超过200亿元大关;高等级航道建设里程实现突破,建成江汉平原810公里千吨级航道圈,新增300公里千吨级航道;集装箱码头建设实现突破,建成武汉阳逻100万标准箱的集装箱大港,全省港口集装箱吞吐能力由30万标准箱增加到170万标准箱;船舶运力实现突破,由285万载重吨增加到400万载重吨;“航电结合、以电促航”模式实现突破,崔家营航电枢纽建成营运;水路规费征收实现突破,总额达到12.4亿元,较“十五”基本翻一番。二是努力实现“三个基本形成”。即:以“三主一江一网”(“三主”为长江、汉江、江汉运河3条全国水运主通道,“一江”为清江,“一网”为江汉平原骨干航道网)的高等级航道为骨架,干线畅通、干支直达的航道体系基本形成;以武汉港为核心,功能完善、布局合理的武汉航运中心基本形成;以船型标准化为重点,结构优化、相互衔接的专业化运输体系基本形成。

(二)合力推进水运事业发展的良好局面初步形成

今年3月中旬,省政府组织对长江港口建设和港航重点工程进行了专题调研,提出和形成了加快湖北水运发展的具体意见。3月17日,省政府专题召开了全省“合力加快港航建设,促进沿江经济发展”工作会议,省政府主要领导出席会议并作了重要讲话,要求集全省之力,合力共建,把振兴湖北水运这篇文章做实做好。会上,省政府与沿江各市、州政府签订了“十一五”及2006年港航建设目标责任书,将港航建设纳入目标考核范围;行业主管部门出台了港航建设、乡镇渡口达标改造、船舶运力更新和结构调整等定额投资和以奖代补政策,充分调动了政府和企业发展水运的积极性。我省在港航建设资金筹措、港口发展建设用地、港区公共基础设施建设以及港口资源整合、岸线资源管理和税费优惠等方面适时出台了一些扶持政策。

一是着手建立航运发展专项资金。今年,省政府首次从财政资金中安排1亿元,专项用于支持长江港口等水运建设。今后我省每年都将安排相应专项资金,逐年增加资金投入,支持港航建设。

二是继续加大“以陆补水”力度。“十一五”期间,我省将积极配合交通部做好长江干线航道整治,实施中游航道畅通工程,完成引江济汉通航工程等重大工程建设。同时对纳入省规划的水运主通道、非主通道三级航道、四个主要港口、十九个重要港口以及省籍新建船舶给予不同标准的补助,补助标准分别为“十五”期的两倍。

三是积极引导“地主港”的建设经营模式。在港口建设用地纳入土地利用总体规划,优先保证港口重点工程建设用地的基础上,充分发挥沿江各地政府的积极性,研究以政府补助投资和岸线资源为国有资本，通过股份制形式，组建项目法人吸引社会资金，投资港口建设。

四是积极运用市场手段多渠道筹措资金。在加大政府投入的同时，我省积极运用市场手段，研究制定扶持政策和措施，鼓励支持各方参与长江港航基础设施建设，多渠道筹措资金，逐步建立稳定的航运建设资金来源。例如，2005 年上港集团和上海港集装箱分别出资 2.02 亿元、1.68 亿元与武汉市国资委共同参与武汉港口集团的改制重组。

五是与上海口岸办签订了区域口岸合作协议。积极推广关区内“属地申报，口岸验收”、“提前报检，提前报关，实物放行”的通关模式，推广“担保验放”、“网上支付”、“电子账册”，以及“集中接单，集中审单、多点放行”等通关措施，扩大“直通式转关”、“绿色通道”等试点企业范围，提高通关效率，降低运输成本，促进外贸经济持续快速协调发展。

（三）推进江海联运物流通道支持保障系统逐步完善

发展长江航运，航道整治是基础，港口建设是平台，船舶运力是关键，安全管理是保障。我省积极在提高三峡过坝运输效率，改革港口发展体制、加大港航建设投入、提升中游航道等级、加快船舶运力发展等方面下工夫，不断完善江海联运物流通道的支持保障系统。

一是推进江南高速公路建设，提高过坝运输能力。今年 9 月起，三峡船闸开始 156 米蓄水及三峡船闸完建期施工，三峡船闸进入历时约 10 个月的单向运行期，而且至少要跨两个黄金周。我省积极会同交通部等有关单位召开了三峡坝区应急翻坝方案专题会议，制定和完善了《三峡坝区应急翻坝方案应急预案》、《库区港口设施地质灾害抢险救灾应急预案》等，主动做好“三项协调”服务。同时，完成了三峡翻坝运输方案研究和江南高速公路预、工可报告编制上报工作，并在交通部和国务院三峡办、三峡工程总公司等有关部门的大力支持下，基本落实了项目建设资本金，预计明年上半年开工建设，2010 年前建成通车，从而建立起过坝运输的长效转运机制。

二是推进武汉航运中心建设，构建华中现代物流园。武汉市将斥资 54.5 亿元，加速航道、港口、船舶动力及支持保障系统建设，构建华中地区航运中心，以改变目前武汉水运滞后的现状，更好地适应中部崛起的战略需求。目前，《武汉航运中心发展规划》已经专家审查，武汉港汉阳集装箱二期工程、荆州港盐卡二期综合码头、黄石港外贸综合码头等工程今年底将开工建设；黄石港棋盘洲港区综合码头工可编制已完成；其它一些港口建设也将围绕武汉航运中心总体布局陆续推进。

三是推进汉江梯级开发建设，实施长江水系航道整治。今年，我省第一个交通航电枢纽工程 ~ 崔家营航电枢纽工程进展顺利，导流明渠工程提前完工，年底将实现大江截流目标；汉江下游航道升等工程中，汉川 ~ 蔡甸段航道整治工程已完成工可审查，兴隆 ~

汉川航道整治工程完成预可审查；引江济汉通航工程工可报告已上报国家发改委；清江水布垭～恩施段航道整治工程工可报告编制完成，即将组织审查；江汉平原航道网宦子口船闸的主体工程已完成并通过了交工验收；巴河航道整治工程、汉北河万台～南垸航道工程均完成了工可审查，预计今年开工建设。

四是推进航运市场主体培育，打造江海联运大型船队。我省积极支持武汉港口、长航集团等做大做强，提升市场竞争力。目前，内河率先开发的第一艘400箱位的集装箱船正在紧张建造。明年6月，这艘江海联运大船就可以将海外物流便捷地延伸到长江中下游的任何一个港口，成为连接湖北武汉与上海洋山港箱位量最大的江海联运船舶，并将逐步形成大运量大吨位集装箱船队。例如，武钢每年大约需用1000万吨矿石，江海直达运量占将近200万吨，主要来自澳大利亚。过去矿石需要先运到宁波港，再通过货轮中转，不但运输周期长，也增加了损耗和装卸成本。大箱位江海直达船不但可以结束“江船不能入海，海船不能进江”的历史，也将大大提升江海直达货运航线上的运输效率。

五是推进武汉城市圈建设，支撑沿江经济产业发展。长江、汉江沿线集中了我省75%以上的大中城市，我省90%的煤炭、85%以上的石油、96%以上的电煤等大宗货物可以通过水上运输，95%的外贸集装箱经由水路中转，水运需求旺盛。随着中部崛起战略的实施，特别是武汉城市圈的建设，即以武汉为核心，包括周边的黄石、鄂州、黄冈、孝感、咸宁、仙桃、天门、潜江8市，提供全省73%的国内生产总值和74%的财政收入的经济发展核心圈的形成，我省水运将进入前所未有的历史机遇期。

三、关于“加快黄金水道建设，推进江海联运发展”的建议措施

着力构建市场开放、产业互补、设施互用、资源共享、环境良好的区域经济一体化建设格局，是进一步增强长江流域经济的综合竞争实力，刺激和激发沿江经济发展活力，实现东、中、西良性互动、共同繁荣的有效途径。为此，提出以下四点建议：

（一）完善港航发展规划

交通部提出了“深下游、畅中游、延上游”的长江航道建设目标。目前，长江湖北区段可常年通航3000～5000吨级货轮，随着三峡工程的建成，特别是其防洪、调峰和调沙能力的发挥，长江湖北区段作为长江航道卡脖子地段的难题有望得到解决。建议将规划目标调整为8000吨级海船到武汉，5000吨级到宜昌。可考虑一次规划，分期实施。同时，建议将武汉长江中游航运中心纳入国家建设规划，将襄樊港由地区重要港口调整为主要港口，将武汉作为全国性的物流中心纳入国家专项规划，将宜昌港、荆州港列入“十一五”口岸规划。

（二）调整计划管理模式

结合南水北调补偿工程的实施，在丹江口大坝加高工程蓄水前实施航道整治，有利于降低整治成本。为此，恳请交通部同意参照国家网高速公路建设投资政策，对水运主通道建设明确：只要前期工作具备条件即可列入部投资计划等加快水运发展的政策，将我省汉江白河至丹江口、兴隆至汉川、汉川至蔡甸段航道整治工程列入“十一五”投资计划，并尽快开工建设。

（三）继续对港口建设实行资本金制度

国家从1996年试行基本建设项目资本金制度以来，我省在水运建设领域深化投资体制改革，鼓励多元投资港口建设，充分发挥交通部补助资金的引导作用，提高了投资效益，对促进我省港口建设持续快速健康发展发挥了巨大的作用。恳请交通部在“十一五”期间继续对我省港口建设给予资金支持，把继续加大内河港口投资补助作为支持长江黄金水道建设的重要政策，以利于促进长江上、中、下游港口协调发展。

（四）加快长江流域资源综合开发利用

建议加大长江航道建设投入，打通中游航道瓶颈，加快武汉长江中游航运中心建设，充分发挥黄金水道作用；努力构建金融、信息等第三产业网络体系，为长江流域提供更加便捷的发展平台；加强对中、上游和三峡库区的保护，促进人与水的和谐相处，实现共存共荣；发挥长江中游自然和人文景观优势，合作开发“大旅游”，努力为长江流域一体化注入经济活力和人文元素，开发具有品牌效应和区域特色的旅游产品，将整个长江沿岸地区旅游业连成一体，形成世界上最大的内河旅游带。

谢谢大家！

对接长江黄金水道　加速湖南经济发展

——湖南省副省长许云昭在长江水运发展协调领导小组第一次会议上的发言

（2006 年 11 月 21 日）

尊敬的李盛霖部长，各位领导、同志们：

今天，交通部组织召开长江水运发展协调领导小组第一次会议，这对于贯彻去年 11 月 28 日“合力建设黄金水道、促进长江经济发展”座谈会精神、落实共建黄金水道实施方案、细化各项共建措施具有十分重要的意义。长江是湖南唯一的水上出海通道，共建黄金水道对湖南而言，意义重大，影响深远。湖南将与沿江兄弟省市一道，积极参与黄金水道建设，在共建中实现发展，在发展中求得共赢。上午，李盛霖部长就共建黄金水道作了全面部署，我们将认真贯彻落实，各兄弟省市结合实际谈了很好的经验，我们听了很受启发。下面，我就湖南参与黄金水道建设作个发言。

一、依托长江发展外向型经济是湖南实现加速发展的必然选择

伴随全球经济一体化进程的加速，经济发展已从传统的行政性地区经济向区域协作型经济转变。湖南北靠“长三角”，南邻粤港澳，物产资源丰富，是全国重点粮棉基地，有色、化工、制造、冶金、电子产业较为发达，具备区域协作、加速发展外向型经济的承载能力和基础条件。多年来，湖南一直注重依托长江，加强与沿江省市的协作，接受“长三角”的辐射，依托长江黄金水道，构筑出省大通道，发展江海联运，建设和完善立体交通网络体系。同时积极抓住国家实施促进中部崛起的战略机遇，发挥湖南的区位优势，在湖南布局建设和完善一批现代物流、商流中心，集聚和扩散各种生产要素，提高湖南在区域经济发展中的辐射能力。

湖南水资源丰富，湘资沅澧四水汇洞庭、入长江，形成了一个南通珠三角、内进大西南、外达江海的天然水运网络，其航道里程、运力、运量分列全国第三、六、九位。湖南作为内陆省份，重点加强以港口城市为依托的现代物流综合枢纽建设，打通“外联内通”的关节点，逐步实现运输方式衔接顺畅、集散高效。“十五”期间，湖南投资 29 亿元，着力建设了“一纵一横一港”工程，全省五级以上航道达到 1283 公里，500 吨级以上码头 124

个，初步建成了以洞庭湖为中心，湘江、沅水等水运主通道为骨架，澧资航线、耒水等区域性重要航线为干线，长沙港、岳阳港为主节点的现代化内河航运体系，水上通过能力有了大幅提升。近5年湖南水路运输量年均增长8.6%，湘江沿线港口吞吐量年均增长11.8%，集装箱吞吐量年均增长31.3%，省内最大货船达4500载重吨。湖南实施的依托长江走出去战略取得了明显成效。2005年湖南水运外贸集装箱量已超过全省外运量的60%。

二、共建黄金水道必须着力提高与长江的对接能力

参与黄金水道建设，和长江对接、配套，是形成“干支直达、江海联运”格局是首要基础条件。“十一五”湖南将把港口扩能、航道提级作为对接长江的突破口来抓好抓实。一是政策扶持。湖南拟在水运建设资金、用地等方面研究出台鼓励性政策。如对航道等公益性基础设施建设，实行政府投入为主，同时鼓励吸引社会资金参与建设；对航电枢纽实行多渠道筹资并举，走“以电促航，滚动发展”的路子；对具有一定规模和市场融资能力的港口、码头等基础设施，积极推行投资主体多元化，多渠道筹措建设资金。水运工程建设用地、税费按国家有关政策给予优惠。二是严格保护。今年正在编制《湖南省港口布局规划》、《湘江航道发展规划》、《湖南省地方海事发展规划》等一系列规范性文本。深度开发湘江是湖南水运发展的重点，以梯级开发提高湘江通过能力，随着今年10月株洲航电枢纽的建成，“十一五”期间将全面启动长沙枢纽建设，远期着眼打通湘桂运河，连通珠江水系。湘江航运规划的重点是建设湘江衡阳至岳阳段2000吨级航道，形成湘江与长江的干支直达。港口形成以岳阳港、长沙港为中心，区域性重要港口为依托，其他中小港口为基础的合理港口布局体系。为切实加强航运资源的保护，今年湖南省政府下发了《关于加强通航河流上水利水电工程建设管理的通知》，明确要求在通航河流上建设水利水电工程必须严格执行《内河通航标准》、《湖南省内河航运发展规划》，符合流域规划，在办理通航技术条件行政许可后，竣工验收合格方可投入使用，对航运资源实施严格保护，提高水运可持续发展能力。三是重点建设。“十一五”湖南将投资76亿元，围绕“一纵一横两港”，重点打造四大工程，即湘江长沙综合枢纽、洞庭湖区益阳至芦林潭航运建设工程、岳阳港城陵矶港区（松阳湖）一期工程、长沙港三期工程。长沙枢纽总投资43.6亿元，建成后可渠化千吨级航道128公里，使长沙、株洲、大源渡3个航电枢纽连成一体。届时，湖南长株潭地区可形成一条2000吨级、通江达海、水深稳定的水运主通道；城陵矶港区松阳湖码头建设一期工程总投资6.9亿元，建设4个3000吨级泊位，建成后能够缓解城陵矶港区集疏运能力滞后、货物外运不畅的矛盾，并可以利用长江黄金水道优势，与上海大、小洋山港对接，实行集装箱江海联运，从而更好发挥湖南水上北大门的作用；洞庭湖区益阳至芦林潭航运建设工程整治航道116公里，新建千吨级码头泊位3个，工程

总投资2.8966亿元，建成后将与湘江千吨级航道和常鲇千吨级航道联成一纵二横的高等级水运主干线，实现干支直达、江海联运。到“十一五”末，湖南等级航道将达到4215公里，港口106个，对接、参与长江黄金水道建设的能力和效益将会进一步凸显。

三、共建长江黄金水道的几点建议

湖南作为内陆省份，水上历史欠账较多，投入不足，设施滞后，高等级航道仅占航道总里程的3.8%，港口设施陈旧，大部分位处老城区，后方陆域不足，亟须提高与长江黄金水道的配套能力。为此我们建议：

（一）请交通部进一步加大对内河港口、航道的资金投入

内河港口不同于沿海港口，投入普遍不足，建设滞后，功能不全，配套不足，尚属起步阶段，亟须国家支持。对湖南而言，当前主要是建设长沙综合枢纽和岳阳港城陵矶港区（松阳湖）一期工程，目前虽已建成湘江大源渡、株洲航电枢纽和城陵矶至株洲湘江一桥257公里湘江千吨级航道，但株洲枢纽至株洲市湘江一桥24公里河段仍为V级航道，滩险水急，航宽不足，枯水期最小水深仅0.8米，而湘江长沙以上至株洲段84公里航道枯水期水深也只有1.3米左右，成为了湘江城陵矶至衡阳千吨级航道中的“肠梗阻”，严重制约了湘江航运和长株潭地区的发展；岳阳港是长江沿线八大深水良港之一，也是我省长江干线上唯一的对外贸易港口和国家一类开放口岸，被列入全国28个内河主枢纽港。岳阳港城陵矶港区年设计货物通过能力120万吨、集装箱5.2万标准箱。2005年货物吞吐量已达360万吨，集装箱吞吐量达6.4万标准箱，港口通过能力明显不足，形成了我省水上货物外运的“瓶颈”。恳请交通部在资金投入上给予支持。

（二）请交通部对内河水运发展实行政策倾斜

当前要加速推进《航道法》立法进程，同时出台配套政策，对地方船型标准化给予一定的资金补贴。

（三）请交通部统筹发展构建长江绿色通道

长江作为黄金水道的优势目前没有充分发挥。沿江省、市虽已形成共建共识，但由于多方面原因，长江航运市场运价普遍偏低，收费标准各省不一，在船型、技术标准、航行规则、船舶登记、行政执法等方面和支流还存在不少对接上的问题，亟须交通部统筹协调，沿江各省、市统一政令，统一航运费收标准，实行信息尤其是航运信息共享，推行电子政务，全方位优化长江航运发展环境，更有效地共同推进黄金水道建设。湖南作为共建黄金水道的重要一极，今后将会和沿江兄弟省市一道，合作交流，协调互补，在长江黄金水道的共建中实现共同发展，互利双赢。

谢谢大家！

加快长江黄金水道建设　促进重庆经济发展

——重庆市副市长余远牧在长江水运发展协调领导小组第一次会议上的发言

（2006 年 11 月 21 日）

各位领导、同志们：

去年 11 月 28 日在北京召开了“合力建设黄金水道，促进长江经济发展”座谈会，今天我们又相聚南京，共谋进一步推动长江黄金水道建设以及沿江各省市经济的合作和发展。上午，李盛霖部长作了主题报告，兄弟省市领导谈了很好的意见和建议。下面，我结合重庆的实际作个简要发言。

一、加快长江黄金水道建设有利于促进长江流域经济发展

合力建设长江黄金水道是贯彻落实科学发展观、构建和谐社会的重要举措。产业向条件优越的特定地区聚集，向条件优越的江河沿岸布局，是世界经济发展的主要特征和趋势。内河水运具有占地少、耗能低、污染小、安全性高、运量大的比较优势，符合我国建设资源节约型、环境友好型社会、实施可持续发展的战略要求，是促进我国东中西部区域经济协调发展的有效途径，是长江流域经济快速发展和沿江产业带形成的重要保障。

长江黄金水道已成为重庆及周边省市经济发展的重要支撑。我市长江干线沿岸区县面积占全市的 44%，人口占 50%，全市 60% 以上经济开发区和特色工业园区沿江布局，2005 年沿江地区国内生产总值占全市的 71%。全市 85% 以上的外贸物资运输依靠内河航运，40% 左右水运量为周边省市货物中转。重庆汽车、摩托车、钢铁、冶金、装备、化工等重点企业的物资绝大部分通过水运实现，长江黄金水道对我市支柱产业发展起着举足轻重的作用。同时，水运也是发展三峡库区旅游业的主要载体。加快建设长江黄金水道有利于三峡库区产业发展和解决移民就业，为三峡库区经济发展和社会主义新农村建设发挥重要作用，有利于促进库区社会和谐稳定。

二、“11・28”座谈会后我市工作开展情况

2005 年“11・28”座谈会后，长江黄金水道建设进一步得到了国家和沿江省市政府

的高度重视和关注。一年来,在交通部的统筹协调下,我们进一步加强了与沿江省市的沟通和协作,并主要做了以下五个方面的工作:

一是加强领导,积极沟通和协作。今年以来,我市主要领导相继率团学习考察江苏、湖南等沿江省市,加强互访和交流。本月,西南六省区市经济协调会第21次会议在我市召开,共同签订《关于共同构建统一开放市场的协议》,就合力共建长江黄金水道,实行集装箱运输对等优惠政策达成了共识。

二是建立协调机制,确定水运发展目标。成立了全市水运发展协调领导小组,协调解决长江水运发展中涉及我市的重大事宜,研究制定我市水运发展政策与规划。在《重庆市内河航运发展规划》、《重庆市港口布局规划》、《重庆市港口岸线利用规划》等规划的基础上,加快推进了《重庆市港口总体规划》、《重庆市航道体系规划》、《重庆市航运支持保障系统规划》和《重庆市地方海事"十一五"发展规划》的编制工作。初步拟定了我市《关于合力建设黄金水道促进长江经济发展的实施意见》,确定在2010年基本建成长江上游航运中心,为经济社会全面协调可持续发展提供高效、畅通、安全、有竞争力的水运服务,2020年实现水运现代化。

三是加大水运投入,加快建设步伐。"十一五"期我市水运计划完成投资158亿元,是"九五"期的79倍,是"十五"期的5倍,将重点推进航道整治、港口建设、船舶标准化、支持保障系统和船舶污染治理等五项工程。目前嘉陵江草街航电枢纽主体工程已开工建设、涪江富金坝航电枢纽首台机组正式发电、重庆港寸滩集装箱码头一期工程开港营运,其它重点水运工程建设稳步推进;三峡库区港口复建项目顺利通过国家三期移民验收,同时,对主要支流进行了航道治理和支持保障系统建设,保证了三峡水库156米蓄水库区航运需要。

四是加快结构调整,推动船舶标准化。这几年我市船舶标准化工作取得了一定成效,各类运输船舶数量由2003年的7000余艘减少到现在的5000余艘,运力由2003年的112万吨增加到现在的300万吨,船舶平均吨位由2003年的440吨提加到现在的1050吨。一批新型豪华游轮、大型集装箱、专业化危险品运输船舶相继投入营运。

五是积极参与三峡船闸完建期间航运协调工作。三峡船闸完建工程给我市带来极大影响,下行通过能力不能满足我市航运需要。我市积极配合国务院三建委、国家发改委、交通部、三峡建设总公司做好相关工作,提出优化过闸方案,确保施工期间坝区运输有序,最大限度地减少因三峡船闸完建施工给长江水运及沿江经济的影响。

三、目前长江水运存在的突出问题

(一)港航基础设施建设滞后

长江干线特别是长江上游地区港口基础设施条件差,沿江港口大型化、专业化、规模

化、机械化程度不高，不能满足大型化、标准化船舶以及新型货种运输方式的需要。

（二）三峡船闸通过能力制约长江上游水运发展

三峡船闸设计年单向通过能力 5000 万吨，预计今年过闸运量将达到 3900 万吨，预测 2010 过闸运量将达到 6000 万吨。该问题如不得到及时解决，三峡船闸将成为长江航运的发展瓶颈。

（三）还未形成统一开放、竞争有序的水运市场

长江水运市场还存在区域分割，开放程度不高，整体优势不强，适应水运市场发展需求的物流体系还不完善，不利于货畅其流、人畅其行格局的形成。

（四）长江上游船型标准化程度整体偏低，船舶流动污染比较严重

虽然从 2003 年以来我市在船舶标准化和船舶流动污染治理方面做了一些工作，取得了一定成效，但目前船型杂乱、船闸有效利用率低的状况依然存在。船舶排污处置设施条件落后，规范化的化学品和油品船舶洗舱基地不够完善，船舶污染问题亟待解决。

四、工作建议

（一）进一步重视重要支流航道建设，形成支流支持干流，实现干支联动

国家将“干支联动”作为“十一五”长江黄金水道建设的六大建设任务之一，支流航道整治是实现干支联动的关键，目前嘉陵江、乌江等主要支流航道通航条件仍然较差，影响了长江航运效益的充分发挥。建议国家加大支持力度，参照长江干线航道整治的政策对重要支流航道建设给予支持。

（二）支持长江上游特别是三峡库区船舶标准化

有利于提高三峡船闸通航能力，有利于提高运输效率，有利于提高三峡库区水上交通安全保障，有利于提高三峡库区水体环保质量。虽然 2003 年三峡水库 135 米蓄水以来，我市通过行政手段大力推进船舶标准化，三年来取得了一定成绩。但是，由于缺乏足够的政策和资金支持，标准化进程仍然缓慢。为此，建议国家对长江上游特别是三峡库区船舶标准化从政策和资金上给予更大的支持。

（三）继续加大对西部地区特别是三峡库区水运建设支持力度

水运对西部地区社会经济发展一直起着重要作用，是三峡库区货物运输的主导方式，由于地形地质条件复杂，加之三峡库区港口水位落差大，建设成本高，加之西部特别是三峡库区产业基础相对薄弱，投融资困难，基础设施建设严重滞后，极大地制约了西部特别是三峡库区社会经济发展。建议国家对西部地区，特别是三峡库区以公益性为主、资金筹集难度大的港口基础设施建设加大支持力度。

（四）加强合作，推进水运市场快速有序发展

沿江各省市之间应进一步消除市场壁垒，优化和完善水运市场运行机制，加快建设统一开放、竞争有序的长江水运市场，创新模式，探索建立长江水运市场交易中心，规范市场行为，充分发挥长江水运优势。

另外，自古以来，长江旅游资源十分丰富，三峡及众多名胜景观闻名遐迩，尤其是三峡枢纽工程作为人文景观与自然风光的有机结合，已越来越引起了世人的极大关注。因此，建议沿江各省市以此为契机，将沿线共有的120多个4A级景区所具有的旅游资源和“长三角”的独有优势结合，加强协作，共同将长江黄金旅游带打造成世界级旅游精品。

各位领导、同志们，在党中央、国务院的坚强领导下，在交通部和国家有关部委的重视下，在沿江兄弟省市的通力协作下，随着《“十一五”期长江黄金水道建设总体建设方案》的加快推进，长江黄金水道将会为促进沿江社会经济又快又好的发展发挥更大的作用！

谢谢大家！

合力建设长江黄金水道　推动四川水运快速发展

——四川省副省长王怀臣在长江水运发展协调领导小组第一次会议上的发言

（2006年11月21日）

各位领导、同志们：

按照会议安排，我就合力建设长江黄金水道、加快四川水运发展的有关情况，向与会的各位领导作一简要汇报。借此机会，我受中共四川省委张学忠书记、省政府张中伟省长委托，代表四川省人民政府，向盛霖部长、交通部和沿江各兄弟省市长期以来对四川的关心支持表示衷心的感谢！

一、合力建设长江黄金水道，对促进四川经济社会发展意义重大

长江将沿江各省市联为一体，建设黄金水道，促进长江上下游、干支流航运发展与运输安全，是沿江各省市的共同利益所在。长江水运是长江流域经济快速发展和沿江产业带形成的重要支撑，是促进我国东中西部地区区域经济协调发展的重要纽带，是建设节约型社会、实现可持续发展的重要战略资源。随着长江经济带经济总量的增加和经济增长方式的转变，长江水运的地位和作用将进一步提高。对四川来讲，长江水运作为我省综合交通运输体系的重要组成部分，作为进出川大宗物资、特种物资和旅游、短途客运的重要交通方式，对经济社会发展起到了重要的支撑作用。同时，水运还有力地促进了四川的对外开放，促进了四川与沿江兄弟省市的交流与合作，促进了区域经济一体化进程。

（一）加快长江黄金水道建设，是四川沿江地区经济社会快速发展的重要基础

目前，在长江及其支流嘉陵江、岷江沿岸，已形成较为密集的城镇带和产业带，而且两岸风景秀美，文化底蕴深厚，是发展旅游等产业的重要目的地。以长江黄金水道建设为重点，全面带动四川内河水运发展，不仅能充分发挥水运占用土地少、运能大、能耗低、污染小的比较优势，而且能极大地促进沿江资源开发，改善工业布局，加快形成优质农产品加工和石化、冶金、汽车、建材、机械、高新技术的沿江产业带，促进运贸结合、延伸开发，推动流域经济快速发展，进而辐射和带动全省经济发展。

（二）加快长江黄金水道建设，是四川实施“工业强省”战略的重要保障

为适应经济全球化发展趋势，四川省委、省政府提出了以现代制造业为主要发展方向的“工业强省”战略，将着力培育二重、东电、东汽等一批大企业、大集团，形成重型装备制造等一系列产业集群，力争到2010年进入工业化中期阶段。工业大发展，要有大交通、大物流作支撑。不仅要显著提高省内通达能力，而且要尽快改善进出川通道，实现纵横贯通、连江达海。目前四川交通面临着为工业化服务的重大挑战，特别在保障重大件设备水路运输方面还十分薄弱。不尽快改变这种状况，要扩大开放，提升发展水平，就必然受到很大制约。因此必须加快长江水运主通道建设，提高岷江、嘉陵江等江河的通航能力和大件运输能力，进一步完善泸州、宜宾、乐山等城市的港口功能，为“工业强省”战略的实施提供坚实的交通保障。

（三）加快长江黄金水道建设，是构建四川综合交通运输网的重要组成部分

“十五”以来，在交通部的大力支持下，四川交通建设取得了巨大进步，交通运输服务能力显著增强。但由于历史欠账多和地理地质等客观条件的限制，“蜀道难”的状况仍然存在，交通仍然是制约四川经济社会发展的“瓶颈”。目前，随着省内高速公路、铁路、航空运输网络的快速建设，为四川港口运输提供了便捷的集疏运条件，正逐步形成公路促进水运、水运促进产业、产业促进经济的良好格局。到2010年，四川高速公路总里程将达到3160公里，铁路营运里程达到3500公里，民用机场增加到11个，同时实现航道通畅、港口完善、干支结合、江海直达的内河运输，四川综合交通运输体系将更加便捷、通畅、高效、安全，“蜀道难”的状况将得到根本改变。

二、合力建设长江黄金水道，有力地推动了四川水运快速发展

2005年11月，在交通部的大力支持和精心组织下，召开了“合力建设黄金水道，促进长江经济发展”第一次座谈会。这次会议推动了沿江各省市的合作，为四川内河水运发展提供了千载难逢的机遇。会后，我省切实加强组织领导，加大工作力度，认真将会议确定的各项任务落到实处。今年初，四川省委、省政府作出决策，将内河水运建设作为“十一五”四川交通建设的三大重点之一，摆在了与高速公路、农村公路同等重要的战略位置，明确提出，要全面掀起水运建设高潮，推动流域经济快速发展。按照“合力建设黄金水道，促进长江经济发展”的要求，我省一方面主动参与长江黄金水道建设，积极融入长江流域经济带，一方面加快嘉陵江、岷江支流航电开发，推进泸州、宜宾两个枢纽港口建设，努力提高江河通航能力和大件运输能力。在交通部和沿江各兄弟省市的大力支持下，四川水运发展呈现出了“四个提高”、“一个加快”、“两个创新”的良好态势。

“四个提高”。一是航道等级明显提高，长江四川段、嘉陵江分别达到三级、四级通航

标准,我省规划建设的“一横两纵”水运网络正逐步形成。二是货运量及港口吞吐量明显提高,今年1~10月,全省水路货运量达2582万吨,较去年同期增长8.3%。集装箱吞吐量去年为2.2万标准箱,今年1~10月就已达到3.2万标准箱,预计全年将完成4万标准箱。大件运输至今已完成255批次,5.5万余吨。货种也由原来砂石等低附加值货物向电子、机械、化工原料等高附加值货物转变,长虹、五粮液等集团通过水运进出川物资每年达到50万吨以上。三是船舶吨位明显提高,全省目前拥有1000吨级以上的船舶130余艘,较2005年增长51%,今年已有8000吨级的船舶到达泸州,6000吨级船舶到达宜宾。四是水运基础设施建设投资增长明显,今年全省水运建设计划完成投资13亿元,1~10月已完成投资9亿元。

“一个加快”即加快嘉陵江渠化开发步伐。嘉陵江四川段规划建设梯级电航工程13个,已建马回、东西关、红岩子、桐子壕4级,在建金银台、新政、金溪、小龙门、凤仪场、沙溪场、青居7级,苍溪、亭子口枢纽也将于2007年开工建设。围绕建成“绿色的嘉陵江、经济的嘉陵江、旅游的嘉陵江”的目标,在航道渠化、江水净化、两岸绿化、环境美化的基础上,我省规划以嘉陵江流域文化为载体,将皇泽寺、张飞庙、阆中古城、朱德故居、万卷楼、邓小平故里等多处著名景观连成一线,全面整合三国、丝绸、将帅、古城等文化资源,打造独一无二的嘉陵江生态旅游品牌,促进当地经济发展。

“两个创新”。一是理念创新,牢固树立了统筹建设的理念。四川省委、省政府要求,必须综合统筹规划全省能源资源,在嘉陵江亭子口枢纽开发过程中,省政府要求将航运建设与能源开发进行通盘考虑,打捆建设,以期达到“双赢”的目的。二是机制创新,按“不求谁所有,但求有没有”的思路,创新港口建设机制,积极引导民营资本投入部分有效益的港口建设。目前我省长江沿线在建和即将开工建设的由民营资本投资的港口项目已达13个,总投资4亿元。

三、以合力建设长江黄金水道为契机,全面推进四川水运快速发展

部省合力建设长江黄金水道,为我省水运带来了难得的发展机遇。四川省委、省政府高度重视长江水运,在今年3月召开的全省交通工作会上,省委书记张学忠同志明确提出,要按照“合力建设黄金水道,促进长江流域经济发展”的要求,充分发挥长江黄金水道作用,带动嘉陵江、岷江支流航电开发,提高江河通航能力和大件运输能力,加快泸州、宜宾两个枢纽港口建设。四川将与沿江各兄弟省市一道,积极参与长江黄金水道建设,全面发展长江流域经济。

一是加强长江上游生态屏障建设。建设和利用长江黄金水道,要坚持经济效益、社会效益和环境效益相统一。按照党中央建设资源节约型和环境友好型社会的要求,我们

将着力打造生态环境优美、生态经济发达、生态文化繁荣的“生态四川”。继续搞好天然林保护，坚持实施退耕还林、退牧还草、川西北草原整治等项工程，搞好以沱江、岷江、嘉陵江为重点的工业污染源、城市污染源和农村污染源整治，确保人民饮水安全，确保出川断面长江水质稳定好转。

二是全面推进岷江综合开发。岷江是长江流域经济带的重要组成部分，是成都平原经济圈与长江中下游地区的纽带，不仅承载了煤、木材、盐、化肥和矿建材料等大量的物资运输，而且是四川重大技术装备运输的唯一水运通道，承运了三峡转轮及国家其他重点工程建设的大件设备，为支持国家建设发挥了重要作用。以岷江航道现有的通航条件，已经不能满足密度越来越高、规模越来越大的重大件运输需求，提高岷江通航能力，综合开发岷江航道的工作迫在眉睫。目前国家已将岷江航道纳入国家高等级航道，按照综合利用水资源、航电结合、优劣搭配、企业运作、滚动建设的思路，我省已基本完成了《岷江综合开发研究报告》和《岷江航运发展规划》，综合统筹能源资源，将岷江开发与全省能源建设通盘考虑，进行打捆建设。拟在“十一五”期内有序合理地开发岷江航运，采用渠化与整治相结合，逐步建设4个梯级，渠化航道84公里，整治龙溪口以下78公里航道，达到三级通航标准。

三是提高长江黄金水道通航能力。积极配合交通部组织开展的长江泸州至重庆段航道整治建设，完成水富至宜宾航道整治工程可行性研究等前期工作，力争明年开工建设。同时，继续加快推进嘉陵江渠化工程。

四是全面推进长江港口建设。重点加快泸州港多用途码头二期工程、宜宾港综合作业区等主要港口建设，形成沿江的集疏运中心。

长江水运发展协调领导小组例会制度的建立，为我们沿江各省市共同建设和利用长江黄金水道、进一步密切经济技术合作交流，建立了一个很好的机制和平台。加快长江黄金水道建设是一项系统工程，在下一步工作中，我们将在党中央、国务院的统一领导下，在交通部等中央有关部委的大力支持下，加强与沿江各兄弟省市的沟通和衔接，建立发展长江航运的互动合作机制，更好地发挥各自优势，形成加快长江航运发展的合力，共同开创长江水运与经济社会和谐发展的新局面。

谢谢大家！

干支联动合力建设　促进经济协调发展

——云南省副省长李新华在长江水运发展协调领导小组第一次会议上的发言

（2006 年 11 月 21 日）

各位领导，同志们：

去年 11 月 28 日，国务院领导、交通部及长江沿线七省二市负责同志在北京召开座谈会，共商“合力建设黄金水道，发展长江经济”的大计，今天，我们又相聚在江苏南京研究推进长江航运发展规划和实施“十一五”期长江黄金水道建设总体方案的具体步骤。刚才，听了交通部李盛霖部长的重要讲话和有关省市领导的发言，很受鼓舞和启发，我就云南省参与长江黄金水道开发建设的情况及我省的一些设想向大会报告。

一、干支联动建设长江航运是实现经济可持续发展和构建社会主义和谐社会的具体体现

十六届六中全会，做出了《关于构建社会主义和谐社会若干重大问题的决定》，提出了 2020 年构建社会主义和谐社会的目标和主要任务，要求尽快扭转区域发展差距逐步扩大的趋势，提高资源利用效率，加强生态环境保护等。

我国相继实施了西部大开发、中部崛起、振兴东北老工业基地等战略，但是东、中、西部的相对差距仍呈扩大趋势。地区间发展差距过大，不利于建设和谐社会。长江贯通我国东、中、西部地区，是我国内河航运开发规模最大和最具开发潜力的黄金水道。合力建设、加快发展长江及长江水系航运，将有效促进“东中西互动、优势互补、互相促进、共同发展”，有利于实现国民经济和社会持续、协调、和谐发展的战略目标，有利于充分发挥内河航运运量大、占地少、能耗低、污染轻、成本小、投入省的比较优势，符合中央提出的建设资源节约型、环境友好型社会的要求，对带动沿江经济发展，特别是推进上游老、少、边、穷地区新农村建设和全面小康社会建设，具有十分重要的意义。

党中央、国务院领导十分重视内河航运发展及长江航运开发建设工作，多次做出重要指示。交通部重点部署，明确提出加快长江黄金水道建设是“十一五”期间要着力办成的六件大事之一，规划到 2020 年，长江水运要实现现代化，满足沿江经济社会发展需要，

为社会提供高效、畅通和有竞争力的水运服务，通过“延上游、畅中游、深下游”，“干支联动”等措施，形成上下衔接、干流畅通、干支直达的高等级航道体系；并进一步细化了航运规划，提出了“十一五”期间长江黄金水道建设总体推进方案。这完全符合沿江经济发展战略大局，我省表示坚决拥护并决心在交通部统一部署下，举全力抓好这项工作，力争取得同步协调、快速发展的良好效果。

云南省地处西南边陲，位于长江上游。长江全长6300公里，云南占1650公里，我省水富港是长江干线航道最上游的铁路、公路、水路联运重要枢纽港，内昆铁路及昆明至水富高速公路都在水富与长江相接。长江千吨级航道早日延伸至水富，长江第一港——水富港早日建成，将充分发挥长江水运主通道作用和综合交通运输网络的最大潜能，促进长江航运发展，同时带动流域资源开发，为中下游省市提供更多的能源、原材料等资源，形成区域性大交通骨架和网络，也将进一步促进大湄公河流域经济合作及推进中国—东盟自由贸易区建设，实现我国周边外交战略目标。

金沙江是长江的上游河段，流经我省经济最为贫困的少数民族聚居地区，沿江迪庆、丽江、大理、楚雄、昆明、昭通等六个州市居住着约1325万人，其中贫困人口约400万，流域内自然及人文资源十分丰富，但交通极为不便，严重制约了当地经济的发展和边疆少数民族地区贫困落后面貌的改变。金沙江—长江水运开发将为金沙江沿岸资源开发提供必要的交通、资金、技术等基础支撑条件，将有力地推进对云南和四川两省最为贫困的边远山区的新农村建设，实现缩小区域发展差距、构建社会主义和谐社会的战略目标。

二、一年来的工作进展

去年11月28日，北京召开合力建设黄金水道，发展长江经济座谈会后，我省按照会议精神和交通部的统一部署，主要开展了以下几项工作：

（一）加强领导，落实工作机构和人员

为加强对云南省金沙江—长江黄金水道建设规划工作的协调力度，云南省人民政府迅速成立了云南省金沙江—长江航运开发建设协调领导小组，由省政府主要领导任组长，分管领导任副组长，省政府办公厅、发改委、交通厅、财政厅、国土资源厅、建设厅、水利厅、政策研究室、旅游局、环保局和沿江的六州市政府主要或分管领导为成员，领导小组办公室设在省交通厅。为有效开展黄金水道开发规划及相关项目的前期工作，加快开发建设进程，省交通厅还成立了专门的机构负责承办具体工作。

（二）开展金沙江—长江航运规划研究

金沙江在云南省境内长1650公里。近年，随着国家“西电东送”战略的实施，金沙江梯级水电开发加快，成立了云南金沙江中游水电开发有限公司和中国三峡总公司金沙江

开发有限责任公司，向家坝、溪洛渡、金安桥、观音岩等大型水电站项目陆续开始筹建和开工建设。因此，金沙江航运开发需要结合水电建设和近年全国经济的快速发展需求进行规划调整。经省政府同意，省交通厅已筹集300万元用于开展金沙江—长江航运规划研究，同时还通过科研立项筹集了280万元委托交通部水运科学研究所对规划中所遇到关键技术和重大课题进行研究。

（三）启动水富港建设

水富港是云南省与长江水运主通道对接的重要枢纽港口，是金沙江和长江航运的交接点，是云南省支持国家建设金沙江向家坝、溪洛渡等巨型水电站的重要基础工程，也是昆明—水富高等级公路、内江—昆明铁路与金沙江—长江航运的交汇点。云南省委、省政府十分重视水富港的建设，省领导多次深入现场调研，省市相关部门积极推进港口建设，当地政府还成立了“水富港建设协调领导小组”负责协调和指导水富港工程建设。通过共同的努力，水富港建设工程初步设计业已完成审批程序，并于10月上报交通部。目前，水富港建设施工的招标工作正在进行中，年内可以开工建设，计划2008年底完工，工程总投资1.4亿元，将按千吨级标准建设重大件、多用途、散货等三个泊位。

（四）制定了《云南省“十一五”金沙江—长江黄金水道建设实施方案》

今年初，按照交通部的统一要求，我省编制了《云南省“十一五”金沙江—长江黄金水道建设实施方案》，提出了“扩建水富港，实现昆水公路、内昆铁路与长江黄金水道的便利对接；结合金沙江梯级电站开发，研究实施客货过坝系统，实现金沙江航运上下贯通；促进下游水富—宜宾长江干线千吨级航道建设和向家坝电站千吨级单船过坝，实现上下配套，千吨级船舶安全畅通”的总体目标，并将水富港建设作为我省推进黄金水道建设的近期重点项目。

三、问题和建议

（一）支持水富港建设

水富港是我国西部地区与长江水运主通道、长江沿岸经济带联系的重要枢纽港，请求交通部在长江港口布局规划中提升其规划层次，列入长江干线重要枢纽港范围，并按照西部内河航运建设扶持政策，从2007年开始加大投资补助力度，力争在两年内建成。

（二）加快长江水富—重庆段干线三级航道建设步伐

在交通部的大力支持下，长江干线水富—重庆段三级航道正在逐段建设。据了解，目前重庆至泸州段正在施工中，泸州至宜宾段正在开展前期设计工作，宜宾至水富段正在开展可行性研究工作。而我省的水富港，年内即将按照千吨级规模开工建设，2008年即可投产，建议交通部统一规划，统一实施，加快重庆—宜宾、宜宾—水富段三级航道前期工作及建设步伐，实现港口、全段航道同步建成运营。

（三）协调、指导我省金沙江—长江黄金水道航运规划研究

目前，我省交通部门正在开展金沙江—长江黄金水道航运规划研究工作。金沙江作为云南、四川两省的界河，航运规划和建设涉及两省及水电建设、环境保护等多方面、跨行业、高层次的问题，仅我省开展规划研究工作，难以推进、困难较大，建议交通部牵头协调、形成合力，加快规划研究工作，以促进金沙江—长江黄金水道航运规划早日编制完成。

（四）协调向家坝电站船舶过坝规模

向家坝电站正在筹建中，目前确定的船舶过坝规模为500吨级的船队，但向家坝下游3公里即为长江干线千吨级航道，上游为库区深水航道，通航规模都可以达到或超过1000吨级。据我省有关部门调查预测，中远期金沙江经向家坝过坝的运量每年在500万吨以上。因此，从长远发展考虑，向家坝电站通航设施规模应满足千吨级船舶过坝要求，以免将来留下遗憾。建议交通部帮助协调，在保持向家坝电站过船设施总体规模和平面尺度不变的前提下，适当增加设计水深，满足千吨级单船过坝，以充分发挥上下游优良的航运资源和规模效益。

各位领导，建设长江黄金水道意义重大，影响深远，系统性强，关联度大，我省将在交通部统一部署、协调下，与长江沿线兄弟省市一道，共同努力，积极推进长江黄金水道的建设。

谢谢大家！

长江水运发展协调领导小组第一次会议纪要

（2006 年 11 月 21 日）

2006 年 11 月 21 日，长江水运发展协调领导小组第一次会议在江苏省南京市召开。党中央、国务院高度重视长江黄金水道的建设。中共中央政治局常委、国务院副总理黄菊专门致信此次会议。中共中央政治局委员、国务院副总理曾培炎也提出了明确要求。长江沿线上海、江苏、安徽、江西、湖北、湖南、重庆、四川、云南七省二市主管交通工作的副省（市）长和交通部领导参加了会议，会议邀请国务院办公厅、全国政协人口资源环境委员会、国家发展改革委、财政部、国土资源部、水利部、国务院三峡办有关领导参加了会议，沿江省市政府有关部门、交通部有关部门及单位的同志列席了会议。江苏省委书记李源潮看望了与会代表，江苏省省长梁保华致辞；交通部部长李盛霖宣读了中共中央政治局常委、国务院副总理黄菊的来信。交通部副部长徐祖远和江苏省副省长仇和分别主持了会议。李盛霖同志作了题为“加快推进长江黄金水道建设，促进沿江经济又快又好发展”的发言，领导小组其他成员分别作了发言，全国政协人口资源环境委员会、国家发展改革委、国土资源部、水利部、国务院三峡办等有关部门也作了发言。会上交通部和（与）沿江七省二市共同签署了《“十一五”期长江黄金水道建设总体推进方案》，举行了新闻发布会。

会议围绕贯彻党的十六届六中全会精神、落实科学发展观和构建社会主义和谐社会的要求，认真落实党中央、国务院领导同志的一系列重要指示，回顾总结了 2005 年 11 月 28 日“合力建设黄金水道，促进沿江经济发展”座谈会一年来的工作，研究了加快黄金水道建设、促进沿江经济全面协调可持续发展的若干重要问题，提出了主要政策措施，明确了重点工作。会议加强了交流，达成了共识，为加快“十一五”黄金水道建设，更好地促进沿江经济又快又好发展将起到重要作用。现纪要如下：

会议认为，2005 年 11 月 28 日召开的“合力建设黄金水道，促进长江经济发展”座谈会，对坚持以科学发展观统领长江水运发展，全面提升长江水运服务沿江经济社会发展的能力和质量，加快沿江综合运输大通道建设，进一步推动长江流域经济增长方式的转变，促进沿江区域经济社会全面协调可持续发展具有十分重要的意义。

一年来，长江黄金水道建设进一步得到了国家和沿江政府及社会高度重视与关注，

发展长江水运已纳入《国民经济和社会发展第十一个五年规划纲要》，国家有关部门和沿江省市切实把长江黄金水道作为我国现代化建设总体战略布局的重要组成部分，增加投入，加快建设，取得了明显成效。

会议指出，大力发展长江水运符合全面建设小康社会和构建和谐社会的总体要求，有利于节约资源、减少能耗、保护环境，有利于加快推进西部开发、中部崛起、东部率先实现现代化战略的实施，有利于沿江经济社会的全面协调可持续发展。长江水运已经进入了新一轮的发展机遇期。要进一步创新发展理念，落实科学发展观，把加快建设黄金水道作为构建和谐社会、建设资源节约型、环境友好型社会的具体措施落实好。

会议明确，将《"十一五"期长江黄金水道建设总体推进方案》作为"十一五"期长江水运建设的指导性文件。围绕航道治理、港口建设、船型标准化、三峡过坝运输扩能、水运保障、干支联动"六大工程"，在国家有关部委的支持下，交通部将重点加强长江干线航道的建设，支持重要支流航道的建设，适当支持中西部地区公共码头建设；沿江省市将积极筹措资金，加大投入，加快港口、支流航道建设。

会议提出，要统筹规划，突出长江水运建设重点，加大政策和资金支持力度；充分利用长江黄金水道的优势，完善沿江产业布局；加快水运结构调整和转变增长方式，不断提高长江水运生产力水平；切实发挥好长江水运发展协调机制的作用，加强研究与协调长江水运发展中的重大问题，进一步加强部门、省市之间的合作，互相支持，形成合力，加快推进黄金水道建设。协调领导小组会议原则上每两年召开一次。

会议强调，加快长江黄金水道建设，充分发挥长江黄金水道作用，促进沿江经济发展是协调领导小组各成员单位的共同责任。要增强历史使命感和责任感，在以胡锦涛同志为总书记的党中央领导下，以邓小平理论和"三个代表"重要思想为指导，认真贯彻落实党的十六届六中全会精神，抓住机遇，凝聚共识，为构建社会主义和谐社会，实现长江水运与沿江经济又快又好的发展作出更大贡献。

出席会议的代表有协调领导小组组长、交通部部长李盛霖，副组长、交通部副部长徐祖远，协调领导小组成员上海市副市长杨雄、江苏省副省长仇和、安徽省副省长黄海嵩、江西省副省长凌成兴、湖北省副省长任世茂、湖南省副省长许云昭、重庆市副市长余远牧、四川省副省长王怀臣、云南省副省长李新华。国务院办公厅秘书二局副局长高雨，全国政协委员、人口资源环境委员会委员张德楠，国家发展改革委副主任张茅、交运司司长王庆云，财政部经建司副巡视员任瑛，国土资源部规划司巡视员殷卫平，水利部副总工程师庞进武，国务院三峡办副主任高金榜、水库管理司司长柳地应邀参加了会议。

关于印发"十一五"期长江黄金水道建设总体推进方案的通知

交水发〔2006〕650号

经交通部、上海、江苏、安徽、江西、湖北、湖南、重庆、四川、云南省(市)人民政府共同研究,现将《"十一五"期长江黄金水道建设总体推进方案》印发给你们,请遵照执行。

交通部　上海市人民政府

江苏省人民政府　安徽省人民政府

江西省人民政府　湖北省人民政府

湖南省人民政府　重庆市人民政府

四川省人民政府　云南省人民政府

2006年11月21日

“十一五”期长江黄金水道建设总体推进方案

长江全长6300余公里，是我国第一、世界第三大河，干流流经七省二市，是我国唯一贯穿东、中、西部的水路交通大通道，主要支流沟通长江南北地区，是流域综合运输体系的重要组成部分，其巨大运能和重要区位优势一直发挥着其他运输方式不可替代的作用，有力地促进了沿江经济带的形成，也为沿江地区外向型经济发展提供了重要支撑。长江水运货运量已经超过了美国的密西西比河和欧洲的莱茵河，成为目前世界上内河运输最繁忙、运量最大的通航河流。

党中央、国务院和沿江各省市一贯重视开发长江、建设长江、发展长江。随着长江水运持续快速发展，“黄金水道”在西部大开发、中部崛起、东部率先实现现代化发展战略中的作用日益增强，地位越来越重要。积极发展水路运输，改善出海口航道，提高内河通航条件，建设长江黄金水道和长江三角洲高等级航道网，推进江海联运，已列入我国国民经济和社会发展第十一个五年规划纲要。长江黄金水道建设进入了重要的战略机遇期。

为贯彻落实“合力建设黄金水道，促进长江经济发展”座谈会和2006年全国交通工作会议精神，细化相关措施，落实相关工作，加快推进长江黄金水道建设，充分发挥长江黄金水道的优势，促进沿江经济社会全面协调可持续发展，为全面建设小康社会提供强有力的支撑，交通部与沿江七省二市共同制订《“十一五”期长江黄金水道建设总体推进方案》，以指导“十一五”期的长江黄金水道建设工作。

一、指导思想

贯彻党的十六届五中、六中全会精神，以国民经济和社会发展第十一个五年规划纲要为指导，以科学发展观为统领，围绕建设资源节约型、环境友好型社会的要求，着力自主创新和科技进步，建立协调互动机制，合力建设长江黄金水道，全面提升长江水运生产力水平，为沿江经济社会全面协调可持续发展提供安全、高效、畅通和有竞争力的水运服务。

二、推进原则

（一）坚持协调发展，整体推进的原则

以科学发展观统领长江水运发展全局。坚持需要与可能相结合，突出重点与整体推进相结合，注重效益与完善功能相结合。优先发展国家高等级航道中运量需求大，在区

域综合运输体系中优势明显的航段，以及主要港口的集疏运通道和具有一定经济开发价值的重要支流航道，重点推进对中西部区域产业布局影响大和腹地经济活跃的港口群建设，整体推进长江水运发展。

（二）坚持共同建设，共同发展的原则

充分发挥中央和地方两个积极性，形成合力，联动发展。从服务大局出发，坚持共同发展的原则，加大对跨地区航道建设的协调力度，对接好水运设施建设标准和建设时间，争取同步建成，充分发挥整条航道和航道网的航运功能。

（三）坚持综合利用，联合开发的原则

根据流域经济发展规划，注重效益，适度超前，合理开发，有效利用水资源，积极主动与有关涉及水资源利用的部门联合开发，实现多目标协调发展，促进水资源综合利用效益最大化。

（四）坚持政府主导，多方参与的原则

调整投资结构，确保重点、因地制宜、量力而行。对航道等公益性基础设施建设，实行政府投入为主，同时鼓励吸引社会资金参与建设；对航电（运）枢纽采取多渠道筹资并举，实现滚动发展；在充分发挥市场投融资作用、积极鼓励企业和社会资金有序建设内河港口码头的前提下，适当支持公共码头建设，逐步建立以市场为主体的长江港口建设投融资机制。

（五）坚持统筹安排，动态管理的原则

依据实施计划，强化目标管理，落实措施，建立科学的考核制度，加快建设，同时结合经济发展对水路运输的需求和实际情况，因地制宜，加强项目动态管理，确保建设目标实现。

三、发展目标

（一）总体目标

到 2020 年，长江水运实现现代化，适应沿江经济社会发展需要，为沿江经济社会全面协调可持续发展提供高效、畅通和有竞争力的水运服务。长江水运的优势充分体现，长江黄金水道的作用充分发挥。

（二）“十一五”规划目标

到 2010 年，长江干线航道条件明显改善，5 万吨级海船乘潮直达南京，较大幅度地延长 5000 吨级海船到武汉的通航期，利用航道自然水深，使 3000 吨级海船季节性通航至湖南城陵矶。武汉以上航道更为通畅，三峡库区万吨级船队可直达重庆主城区港区，1000 吨级船舶直达云南水富。长江三角洲高等级航道网中主要航道通航 1000 吨级船

舶，京杭运河堵航问题明显缓解，通往上海国际航运中心的主要疏港通道更为顺畅；长江重要通航支流航运开发成效明显；长江主要港口的主要港区建设取得重大进展，机械化、规模化水平明显提高；长江水运的支持保障能力大幅度提高。基本实现船型标准化、系列化，长江干线货运船舶平均吨位提高到1000吨以上，川江及三峡库区船型标准化率达到75%；京杭运河及长江三角洲水网主要航道船型标准化率将达到80%。

四、“十一五”建设任务

合力推进航道治理、港口建设、船型标准化、三峡过坝运输扩能、水运保障及干支联动六项工程。

交通部将加快长江干线航道建设步伐，结合水利河势控制工程，实施一批航道整治及控导工程，提高航道尺度，扩大航道通过能力，改善通航条件。

南京以下航道，完成长江口深水航道治理三期工程，同步将12.5米水深航道延伸至江苏太仓港区。加快推进通洲沙、白茆沙航道治理的前期工作，适时实施口岸直、福姜沙水道整治，以及零星碍航物清除工程，进一步巩固10米深水航道的建设成果，为12.5米深水航道继续上延做准备，在条件成熟时，实施12.5米水深航道延伸到南京工程。

南京至安庆段航道，完成太子矶、拦江矶礁石炸礁、黑沙洲水道整治工程，开工整治土桥水道，使该段航道水深达到6米。

安庆至武汉段航道，完成东流、罗湖洲、武穴、张南上浅区水道整治，使该段航道水深达到4.5米。

武汉至宜昌段航道，完成马家咀水道整治一期、嘉鱼～燕子窝河段整治、武桥水道整治工程，以及周天河段、沙市河段、瓦口子水道航道整治控导工程。跟踪协调芦家河水道航道整治控导工程。实施界牌二期整治工程，枝江水道和江口水道航道整治控导工程，改善中游航道条件，提高航道通过能力。

宜昌至重庆段，结合三峡工程175米蓄水进程，实施库尾娄溪沟～铜锣峡河段碍航礁石的清炸工程。

重庆至水富段，完成重庆至泸州段航道整治；开工建设泸州至宜宾、宜宾至水富段航道整治工程，使该段航道水深达到2.7米。

地方政府、交通部将合力加强重要支流航道建设，按照“十一五”总体目标，促进干支联动发展。加快以京杭运河扩能和上海国际航运中心的主要港区集疏运通道为重点的长三角高等级航道网建设，京杭运河苏北段航道全线达二级标准，通往上海的主要集装箱通道按三级航道标准基本建成；加快推进赣江、汉江、湘江、嘉陵江等重要通航河流梯级开发进程，嘉陵江干流739公里，利泽以上达四级航道标准，利泽以下达三级航道标

准，湘江株洲、汉江崔家营枢纽基本建成。

继续采用多种渠道，加快标准船型和推荐船型的研发，重点研发江海直达船、集装箱船、散货船、化学危险品船、汽车滚装船和客渡船的标准船型和推荐船型。交通部将组织完成《长江干线现有运输船舶船型比选工作指南》，制定《长江干线运输船舶船型标准化工程行动方案》及研究制定《长江干线运输船舶船型标准化政府补贴资金管理办法》，推动长江干线船型标准化工作。

开展长江干线渡口、渡船标准化改造工作，推动和支持建设标准化渡口和开发适应长江水文、航道特征和渡运实际情况的新船型，提高渡船安全性能，服务好社会主义新农村建设。

研究并实施三峡坝区长期翻坝方案，推动建立长期翻坝运输体系。支持湖北省建设较高等级的翻坝公路。形成“水—陆”翻坝转运格局。协调有关部门加快升船机的建设。

为保障长江水运安全、有序和健康发展，交通部将加快长江干线水运保障基础设施建设步伐，提升支持保障能力。继续完善长江干线水运通信网络，建立长江航运信息系统。完善长江干线搜救体系，实行海事监管巡航与救助一体化，建设水上现代监管系统、水上搜救组织协调指挥系统、防污及快速反应系统，实施联合执法，全面提高长江海事监管能力和快速应急处置能力。加强三峡枢纽航运配套设施建设，实现高水平的两坝间统一调度、联合运行。加强长江航运公安治安防控体系建设，提高反恐预控能力。

继续推进上海国际航运中心建设，加快建设具有区域性枢纽作用的主要港口，拓展港口功能，实现港口结构升级，提升港口服务能力和水平。逐步完善以上海国际航运中心为核心的集装箱运输体系，铁矿石江海转运体系，煤炭专业化运输体系，汽车滚装运输体系和石油及液体化工品江海运输体系。

重点推进建设长江干线南通、苏州、镇江、南京、马鞍山、芜湖、安庆、九江、黄石、武汉、岳阳、荆州、宜昌、重庆、泸州等主要港口，以及水富等地方重要港口。

建设工程项目进度实施方案见附表（港口项目不包括）。

五、主要保障措施

（一）加强协调领导，形成合力，共同推进黄金水道建设

充分发挥部省市协调机制的作用，定期召开会议沟通情况，协调长江黄金水道建设中各方面的关系；研究解决长江黄金水道发展建设中的重大问题，落实措施、明确责任，形成合力，确保建设目标实现。

（二）以科学发展观为统领，进一步完善各项规划

交通部相继组织完成了《全国内河航运发展战略》、《长江干线航道发展规划》、《西

部地区内河航运发展规划》、《促进中部地区崛起公路水路交通规划纲要》、《长江三角洲高等级航道网规划》、《长江三角洲地区港口建设规划》、《全国内河船型标准化发展纲要》和《长江船型标准化实施纲要》的编制工作；目前已编制好《全国内河航道与港口布局规划》，并上报国家发展和改革委员会。结合长江流域规划修编工作，修订完善《长江水系航运规划》。

沿江各省市要根据地区经济发展规划和有关专业规划，结合本地区的实际情况，以建立现代综合运输体系，服务经济建设为目标，进一步完善地方水运发展规划，同时加快省市港口、航道布局规划的编制与审批工作，要加大实施力度。加强协调，有效保护水运资源，实现水资源的综合开发利用。各级交通主管部门应加强与有关部门、行业的协调，主动作为，严格控制好规划线内的土地和岸线资源，为水运持续快速发展留有空间。

（三）加强项目前期工作，加大项目储备力度

各地各部门要重视项目的前期工作，加大前期工作投入力度，做好相关协调工作，为工程及时开工建设创造条件。

在项目前期咨询、科研、设计工作中引进竞争机制，创新理念，优化设计方案，提高前期工作质量。

采取措施，落实责任，细化目标，切实加快项目前期工作进度，加大项目储备，形成项目前期和后期建设工作的紧密衔接，把握好长江黄金水道建设的重要历史机遇期，确保“十一五”期各项建设目标的实现。

（四）拓宽思路，多渠道筹集建设资金

广泛筹集建设资金，需要进一步发挥中央和地方各方面积极性，充分利用好现有筹融资渠道，拓宽新的筹资渠道，建立多渠道、宽领域、全方位的筹融资机制，积极引入社会资金参与水运建设，逐步建立起“政府投资、地方筹资、社会融资、利用外资”的交通投融资体制，为内河水运可持续发展提供稳定的资金保障。

交通部将进一步加大对长江水运基础设施建设的投资力度，在“十一五”期安排150亿元资金，主要用于长江口深水航道治理三期及向上延伸工程、长江干线航道整治工程和干线水运支持保障系统设施建设，支持长江三角洲高等级航道网骨干航道和长江主要支流航道建设，引导和扶持干线运输船舶船型标准化。在充分发挥市场投融资作用、积极鼓励企业和社会资金有序建设内河港口码头的前提下，适当支持中、西部地区公共码头建设，逐步建立以市场为主体的长江港口建设投融资机制。

沿江各省市政府将根据建设要求，积极筹集地方建设资金，保证规划目标的实现。一是采取积极的筹资政策，增加地方财政资金投入，进一步统筹交通建设资金，划拨出一

定比例的资金用于水运基础设施建设，逐步建立起稳定的水运建设专项资金来源；二是积极争取国债资金用于水运建设；三是出台相关扶持政策，发挥市场配置资源的作用，鼓励和引导社会资本进入水运基础设施建设领域；四是争取银行贷款等资金用于水运建设；五是以资产为纽带，盘活存量资产，多渠道筹集建设资金。

对于航运（电）枢纽工程，坚持水资源综合利用的原则，与有关涉水部门、行业、地方政府通力协作，团结治水，联合开发和有效利用水运资源，发挥水资源利用的最大效益，同时也降低交通部门单一对航道建设的成本。

省级人民政府及各级地方政府将港口建设用地纳入土地利用总体规划，优先保证港口重点工程建设用地。对港口、航道建设用地，除按现行政策可以划拨方式使用的以外，其余建设用地采用协议出让方式的，可按最低限价标准缴纳土地出让金；航道建设征地时，按国家、省、市最低标准进行补偿，并从低收取航道整治工程的相关税费。

（五）加快立法进程、完善规章制度，确保长江黄金水道建设稳步推进

交通部将加快《航道法》的立法工作，同时制定相应的配套法规，为航道建设、维护管理及航道保护提供法律保障。近期将颁布《航道建设管理规定》和《港口建设管理规定》，修订《航道建设项目竣工验收办法》、《港口工程初步设计文件编制规定》、《航道工程初步设计文件编制规定》。

各地区要结合地方和行业的特点，制定完善有关水运工程建设管理法规和制度，促进内河水运工程建设向法制化、制度化、规范化、程序化发展。

（六）加大科研投入，增强自主创新能力，提升长江黄金水道建设科技含量

围绕交通部提出的建设创新型行业总体目标，开展水运行业创新工作。深入探索研究土地、岸线、能源和建筑材料等科学合理利用的有效途径，强化创新意识，引进水运工程设计全寿命周期成本的理念。重点开展通航河流信息化、数字航道、水运安全保障及航道整治技术等重大专项攻关和重大项目研发。

交通部将加大科技开发资金投入，支持长江黄金水道建设中重大项目和关键技术的研究，如水运资源保护、航电枢纽关键技术、高坝通航、航道整治技术、疏浚土利用等方面技术研究。

地方交通部门要加大科技投入和人才培养的力度，结合地区和行业发展的特点，开展对港口码头技术和航道建设技术研究，加强对疏浚工程技术的总结和水运工程结构耐久性研究，进一步加大西部科研成果以及新技术、新材料、新工艺在工程建设中的应用和推广力度，增强水运建设的自主创新能力，促进创新型行业建设，加快水运行业由传统产业向现代产业的转型进程。

（七）加大监管力度，确保工程建设质量

加大水运工程建设的监管力度，规范水运建设市场行为，严格建设市场准入，加强工程动态监管，狠抓各项制度落实，提升管理理念，提高工程质量。

交通部将着手建立诚信指标体系，对设计、勘察、施工、监理、业主等参建单位进行诚信评价。地方交通主管部门要开展建设管理创新活动和以“履约诚信”为主要内容的建设市场执法监察活动，曝光不守法，不诚信单位，并与企业资质管理相联系。

对重点工程项目实行信息化、网络化管理，对项目法人、负责人实行培训上岗制度。积极推进工程招投标合理低价中标制度，探索开展项目代建制的试点工作。

继续以内河水运工程建设质量年活动为载体，开展多种形式的质量创优活动，通过制度建设和手段创新，强化建设工程质量管理，促进水运工程建设质量和管理水平的全面提高。

（八）因地制宜、科学组织工程实施

长江中下游治理工程，应紧密结合防洪和河势控制工程，加强原型观测，抓住有利治理时机，实施工程建设，确保整治效果。

长江三角洲水网地区及平原河网地区航道整治工程，结合水利部门治理主干河道、扩大泄洪和农田灌溉能力的时机，按照规划目标，与水利部门同步实施航道整治项目。对航道整治涉及到的碍航桥梁改造工程，尽可能纳入公路网改造或城镇建设中去，对疏浚土方要与吹填造地相结合，利用新造增值土地进行综合开发的收益用于内河航运建设，减轻筹资压力。

主要支流航运开发工程，航电枢纽工程建设，应视经济社会发展需要和经济实力选择建设时机，同时要充分考虑防洪、灌溉、旅游开发等综合效益。

（九）深化改革，培育和建立“统一、开放、竞争、有序”的长江水运市场

按照精简、统一、效能、服务的原则，进一步深化长江水运管理体制改革，加强体制创新，整合管理资源，坚持依法行政，逐步建立起决策科学、权责一致、分工合理、执行顺畅、监督有力的行政管理体制，鼓励发展以货物仓储、配送和集装箱场站建设一体化为目标的长江水运运输网络，为现代交通和物流产业的发展奠定基础。大力推进水运信息化、标准化等软件建设，为现代化物流业发展提供可靠的平台。组织开展有关长江航运发展政策，以及社会关注的热点问题进行专题研究。大力推进和支持长江干支线内河集装箱运输，积极培育和发展内河集装箱运输市场。建立、完善“统一、开放、竞争、有序”的长江水运市场。

（十）加强廉政建设，营造良好的长江黄金水道建设环境

交通基础设施建设投资多、规模大，质量要求高，涉及部门多，社会关注度也相对较

高，各地交通主管部门要高度重视反腐倡廉工作，按交通部《教育、制度、监督并重的惩治和预防腐败体系实施纲要》要求，以治理交通建设领域商业贿赂专项工作为重点，并结合行业的实际情况，建立健全预防腐败长效机制，从源头治理上下功夫，在深化体制改革、加强督察上下功夫，维护公平竞争环境，规范市场秩序，在交通行业筑起反腐倡廉的有效防线，树立交通部门的良好社会形象，营造良好的长江黄金水道建设环境。

交通部副部长徐祖远在长江水运发展协调领导小组第一次会议新闻发布会上的发言

（2006 年 11 月 21 日）

女士们、先生们、新闻界的各位朋友：

大家下午好！

很高兴向大家介绍今年会议和长江黄金水道的建设情况。

今天，交通部和长江沿江七省二市在南京共同召开长江水运发展协调领导小组第一次会议，中共中央政治局常委、国务院副总理黄菊专门致信给本次会议并作出重要指示。中共中央政治局委员、国务院副总理曾培炎也提出了明确的要求。

会议指出，内河水运具有占地少、能耗低、成本低、污染小等特点和优势，是我国综合运输体系的重要组成部分。长江是横贯我国东中西部唯一的水运大通道，建设长江黄金水道对于加快推进西部大开发、中部崛起、东部率先实现现代化战略等，都具有十分重要的现实意义。会议要求，加强统筹规划，突出长江水运建设重点，切实发挥好长江水运发展协调机制的作用，进一步加强部门、省市之间的合作，相互支持，形成合力，加快推进黄金水道建设，为沿江经济社会的全面协调可持续发展，为构建社会主义和谐社会做出更大的贡献。

今天上午，交通部部长李盛霖作了题为《加快推进长江黄金水道建设，促进沿江经济又快又好发展》的主题发言，上海、江苏、安徽、江西、湖北、湖南、重庆、四川、云南七省二市的副省（市）长参加会议并发言，国务院办公厅、全国政协、国家发改委、财政部、国土资源部、水利部、国务院三峡工程建设委员会办公室有关负责同志应邀参加会议。

长江全长 6300 余公里，是我国第一、世界第三大河，干流流经七省二市，是我国唯一贯穿东、中、西部的水路交通大通道，主要支流沟通长江南北地区，是我国社会经济可持续发展的重要战略资源，是流域综合运输体系的重要组成部分，其巨大运能和重要区位优势一直发挥着其他运输方式不可替代的作用，有力地促进了沿江经济带的形成，也为沿江地区外向型经济发展提供了重要支撑。长江水运货运量已经超过了美国的密西西比河和欧洲的莱茵河，成为目前世界上内河运输最繁忙、运量最大的通航河流。2006 年，长江水运货物运输量有望达到 9.9 亿吨，周转量 3099 亿吨公里，港口集装箱吞吐量 634

万标箱，江海直达运量 5.5 亿吨，与去年相比，分别增长了 15.1%、20.6%、23.6% 和 9.0%。基础设施建设力度进一步加大，预计今年完成投资 155 亿元，为全面完成“十一五”各项建设任务开了个好头。

为贯彻 2005 年 11 月 28 日“合力建设黄金水道，促进长江经济发展”座谈会精神和国家“十一五”规划纲要的要求，交通部和沿江七省二市于今年 6 月共同成立了长江水运发展协调领导小组，交通部李盛霖部长担任组长，交通部翁孟勇副部长和我为副组长，沿江七省二市分管交通工作的领导为成员，本次会议的轮值副组长为江苏省仇和副省长。领导小组主要负责研究加快长江黄金水道建设的政策、措施；协调解决长江水运发展中的重大问题，以后将每两年召开一次领导小组会议。

为推进“十一五”期长江黄金水道建设，加快长江水运发展，更好地服务沿江经济发展，交通部和沿江七省二市共同制订了《“十一五”期长江黄金水道建设总体推进方案》，今天上午的领导小组第一次会议审议通过并正式签署，充分表明了交通部和沿江七省二市对于合力建设长江黄金水道的高度重视，标志着长江水运的发展将在“十一五”期进入一个全面协调可持续发展的新阶段。

下面，我向大家通报一下推进方案的主要内容。

一、“十一五”长江黄金水道的建设目标：到 2010 年，长江干线航道条件明显改善，5 万吨级海船乘潮直达南京，较大幅度地延长 5000 吨级海船到武汉的通航期，利用航道自然水深，使 3000 吨级海船季节性通航至湖南岳阳港。武汉以上航道更为通畅，三峡库区万吨级船队可直达重庆主城区港区，千吨级船舶直达云南水富。长江三角洲高等级航道网中主要航道实现 1000 吨级船舶通江达海，京杭运河堵航问题明显缓解，通往上海国际航运中心的主要疏港通道更为顺畅；长江重要通航支流航运开发成效明显；长江主要港口的主要港区建设取得重大进展，机械化、规模化水平明显提高；长江水运的支持保障能力大幅度提高。积极推进长江干线船舶标准化进程，基本实现船型标准化、系列化。长江干线货运船舶平均吨位提高到 1000 吨以上；川江及三峡库区船型标准化率达到 75%；京杭运河及长江三角洲水网主要航道船型标准化率将达到 80%。

二、“十一五”期长江黄金水道建设的重点：“十一五”期，交通部将投资 150 亿元，各省市也将加大资金投入，合力推进航道治理、港口建设、船型标准化、三峡过坝运输扩能、水运保障及干支联动六大工程：

一是交通部将加快长江干线航道建设步伐，结合水利河势控制工程，实施一批航道整治及控导工程，提高航道尺度，扩大航道通过能力，改善通航条件。二是沿江各省市、交通部将合力加强重要支流航道建设，按照“十一五”总体目标，促进干支联动发展。三是继续采用多种渠道，加快推进长江干线船型标准化工作，实施长江干线渡口、渡船标准

化改造工程，提高渡船安全性能，服务好社会主义新农村建设。四是研究并实施三峡坝区长期翻坝方案，推动建立长期翻坝运输体系。支持湖北省建设较高等级的翻坝公路，形成“水—陆”翻坝转运格局。五是交通部将加快长江干线水运保障基础设施建设步伐，提升支持保障能力。六是继续推进上海国际航运中心和长江干线区域性枢纽港口建设，逐步完善集装箱、铁矿石、煤炭、汽车滚装、石油及液体化工品等五大运输体系。

谢谢大家！

交通部上报国务院关于长江水运发展协调领导小组第一次会议的情况报告

国务院：

党中央、国务院领导历来十分重视水运发展，近年来，胡锦涛总书记、温家宝总理、黄菊副总理多次就水运发展特别是长江黄金水道的建设做出重要批示。多年来，我部致力于发展长江水运，把长江水运基础设施建设作为全国内河水运的重点。为贯彻好中央领导指示精神，进一步加快水运建设，充分利用黄金水道，2005 年 11 月 28 日，由上海市、湖北省、重庆市和我部共同发起在北京召开了“合力建设黄金水道，促进沿江经济发展”座谈会，黄菊副总理出席会议并作了重要讲话。我部及七省二市（上海、江苏、安徽、江西、湖北、湖南、重庆、四川、云南）党政主要负责人参加了会议。会议明确，成立由我部和七省二市人民政府有关负责人组成的长江水运发展协调领导小组，协调解决长江水运发展中的有关问题。今年 6 月成立了协调领导小组。

为贯彻党的十六届六中全会精神，加快推进长江黄金水道建设，促进沿江经济又快又好发展，协调领导小组于 11 月 21 日在南京召开了第一次会议。现将有关情况报告如下：

一、会议的有关情况

国务院领导对此次会议非常重视，黄菊副总理做了重要批示，曾培炎副总理也提出了明确要求。协调领导小组组长、交通部部长李盛霖同志做了“加快推进长江黄金水道建设，促进沿江经济又快又好发展”的主题发言（发言稿会前已报黄菊副总理和曾培炎副总理），协调领导小组其他成员也作了发言。会上共同签署了《“十一五”期长江黄金水道建设总体推进方案》，形成了会议纪要。江苏省省长梁保华参加了会议，全国政协人口资源环境委员会委员张德楠、发展改革委副主任张茅、国务院三峡办副主任高金榜及国务院办公厅、财政部、国土资源部、水利部有关同志应邀参加了会议。

会议一致认为，内河水运具有占地少、能耗小、成本低、污染轻等特点和优势，发展内河水运符合建设资源节约型、环境友好型社会的总体要求。长江是横贯我国东中西部唯一的水运大通道，是我国综合运输体系的重要组成部分，建设长江黄金水道对于加快推进西部开发、中部崛起、东部率先实现现代化战略具有十分重要的现实意义。

会议明确，要加强统筹规划，突出长江水运建设重点，加大政策和资金支持力度；充分利用长江黄金水道的优势，完善沿江产业布局；加快水运结构调整和转变增长方式，不断提高长江水运生产力水平；进一步加强部门、省市之间的合作，互相支持。

二、长江水运发展的基本情况

长江全长6300余公里，是我国第一、世界第三大河，干线货物运输量已超过美国的密西西比河和欧洲的莱茵河，成为世界上内河运输规模最大、最为繁忙的通航河流。长江水运在流域综合运输体系中具有重要地位，在沿江经济发展中发挥了重要支撑保障作用。目前，沿江大型企业生产所需80%的铁矿石、72%的原油、83%的电煤是依靠长江水运来保障的；长江水系完成的水运货运量占流域全社会运量的20%以上，货物周转量占60%。2005年，长江干线水运货运量为8.6亿吨，周转量2570亿吨公里，港口集装箱吞吐量513万标箱。

在党中央、国务院的正确领导下，在国家有关部门的大力支持下，我部与沿江省市采取措施，共同加快长江黄金水道建设。“九五”、“十五”期加大资金投入，扩大港航设施通过能力。投入长江干线航道建设资金124亿元，长江三角洲、港口和支流航道的建设资金为350亿元。下游实施了长江口深水航道治理两期工程，航道水深由原来的7米提高到10米并延伸到南京，5万吨级海船可乘潮直达南京；中游实施了界牌、碾子湾等重点碍航水道整治；上游实施了三峡库区航道设施淹没复建工程。全面启动了以京杭运河为主的长江三角洲高等级航道网建设；实施了嘉陵江、湘江、汉江航电结合、梯级开发建设工程和主要支流航道整治工程。初步形成了煤炭、原油、矿石及集装箱等专业化的港口体系，新增港口吞吐能力5500万吨。洋山深水港区一期工程完工投产，进一步提升上海国际航运中心的服务能力和对长江水运的带动作用。积极开放长江15个一类港口口岸，培育航运市场，从事长江省际运输的水运企业达2000多家，直接从业人员达100万人。船舶运力1970万吨，干线船舶平均吨位750吨，分别是1995年的2.3倍和2.4倍。

2005年11月28日座谈会后，长江黄金水道建设进一步得到国家和沿江各级政府的高度重视，我部与沿江省市加快了长江干线和支流航道建设步伐，预计完成建设投资155亿元。开工建设了长江口三期工程，加大了福姜沙、通州沙、白茆沙“三沙”航道治理的前期研究力度，太子矶等3处航道治理工程也已开工，重庆到泸州、东流水道等4处航道整治工程已基本完工。推动了沿江港口结构调整，加快了港口建设和船型标准化工作，加强了长江干线支持保障系统建设。部省之间加强了沟通协调，采取翻坝转运、加强船闸维护、保障重点物资优先过闸等措施，建立库区全线联动机制，确保三峡船闸单线运行以

来过坝运输总体有序。2006 年，长江干线水运货物运输量预计达到 9.9 亿吨，周转量 3099 亿吨公里，港口集装箱吞吐量 634 万标准箱，与去年相比，分别增长了 15.1%、20.6%和 23.6%。长江水运服务沿江经济社会发展的能力有了新的提高。

目前，长江水运的建设与发展还面临着航道治理难度大、三峡船闸通过能力不足、资金筹措困难等方面的问题，需要采取措施，加以解决。

三、进一步加快长江水运建设的主要措施

这次会议明确我部与沿江七省二市将着力推进航道治理、港口建设、船型标准化、三峡过坝运输扩能、水运保障、干支联动等“六大工程”建设。

（一）做好规划，加大投入。进一步推进《全国内河航道与港口布局规划》的制定工作。“十一五”期，拟安排 150 亿元资金，主要用于长江干线航道整治和干线水运支持保障系统设施建设，支持长江三角洲高等级航道网骨干航道和长江主要支流航道等建设。

（二）加快航道建设。加强对长江干线重点河段、重点滩险航道整治研究，适时实施重点航道整治工程和必要的控制工程，改善通航条件。实施好长江口深水航道治理三期工程，用三年时间，实现水深 12.5 米的目标。采取措施分别对长江下游、中游和上游航道进行治理，提高通航标准。

（三）推进港口建设。充分发挥市场投融资作用、积极鼓励企业和社会资金投资建设内河港口码头，逐步建立以市场为主体的长江港口建设投融资机制。加快以上海国际航运中心为龙头的长江主要港口建设，优化港口布局，有效保护港口岸线资源，促进港口与城市协调发展。对中西部地区公共码头建设给予适当资金支持。

（四）加快推进长江干线船型标准化工作。“十一五”期，我部拟安排 10 亿元引导资金，地方安排一定的配套资金用于引导老旧落后船舶的淘汰，加快推进船型标准化进程，提高船闸通过能力和船舶安全技术水平。

（五）继续做好三峡船闸通航工作。在三峡船闸完建期，我部将积极配合做好翻坝转运工作，采取有效措施确保三峡船闸的平稳有序运行。支持湖北省加快建设高等级翻坝公路。积极协调有关部门加快升船机建设。

（六）发挥好长江水运发展协调机制的作用。进一步加强部门、省市之间的合作，原则上每两年召开一次协调领导小组会议。

通过实施《“十一五”期长江黄金水道建设总体推进方案》，到 2010 年，长江干线航道条件将明显改善，5 万吨级海船乘潮直达南京，延长 5000 吨级海船到武汉的通航期，3000 吨级海船季节性通航至湖南城陵矶，万吨级船队可直达重庆主城港区，千吨级船舶可直达云南水富。以上海国际航运中心为龙头，以长江黄金水道和长江三角洲高等级航道网为主要疏运通道的集装箱运输系统、外贸铁矿石及原油海进江中转运输系统和江海物资转运系统基本建成。长江干线船型标准化取得明显进展，货运船舶平均吨位提高到1000 吨以上。长江水运的支持保障能力大幅度提高。

特此报告。

长江水运发展协调领导小组
第一次会议有关图片

长江水运发展协调领导小组
第一次会议
2006.11.21
南京

长江水运发展协调领导小组
第一次会议
2006.11.21 南京
徐光辉
王鲁宁

“十一五”期长江黄金水道建设总体推进方案
签字仪式

“十一五” 期
湖南省
江西省

黄金水道建设总体推进方案
交通部
上海市
安徽省

长江水运发展协调领导小
新闻发布
四川
重庆
南京
宋德星
徐祖远

一次会议
江苏
上海
徽
仇　和

长江水运发展协调领导小组第一次会议
新闻发布会
2006.11.21　南京

COSCO

长江水运发展协调领导小组第一次会议代表、特邀代表、列席代表、工作人员名单

会议代表名单

姓　名	单　位	职　务
李盛霖	交通部	部　长
徐祖远	交通部	副部长
杨　雄	上海市	副市长
仇　和	江苏省	副省长
黄海嵩	安徽省	副省长
凌成兴	江西省	副省长
任世茂	湖北省	副省长
许云昭	湖南省	省委常委、省纪委书记、副省长
余远牧	重庆市	副市长
王怀臣	四川省	副省长
李新华	云南省	副省长

特邀代表名单

姓　名	单　位	职　务
梁保华	江苏省	省　长
高　雨	国务院办公厅秘书二局	副局长
张德楠	全国政协人口资源环境委员会	委员(副部级)
张　茅	国家发展改革委	副主任
任　瑛(女)	财政部经建司	副巡视员
殷卫平(女)	国土资源部规划司	巡视员
庞进武	水利部	副总工程师
高金榜	国务院三峡工程建设委员会办公室	副主任

列席代表名单

姓　名	单　位	职　务
陈孝平	国务院办公厅秘书二局	处长
谢　方	国家发展改革委	张茅同志秘书
王庆云	国家发展改革委交运司	司长
邱其璋	国家发展改革委交运司	副处长
魏山忠	水利部长江水利委员会	副主任
张元波	水利部长江水利委员会	秘书
柳　地	国务院三峡办水库管理司	司长
蒋　千	交通部	总工
杨　咏	交通部办公厅	主任
柯林春	交通部体法司	副司长
董学博	交通部规划司	司长
许如清	交通部财务司	司长
刘　钊	交通部人劳司	副巡视员
宋德星	交通部水运司	司长
仉伯强	交通部科教司	副巡视员
张玉胜	交通部公安局	局长
刘功臣	交通部海事局	常务副局长
王永明	交通部救捞局	党委书记
金义华	交通部长江航务管理局	局长
田晓平	中国船级社	副总裁
徐　光	交通部规划研究院	院长

周　伟	交通部科学研究院	院长
胡平贤	交通部水运科学研究院	院长
沈　骏	上海市政府	副秘书长
李文辉	上海市建设交通委	副主任
蔡晓虹	上海市发展改革委	副主任
陈荣堂	上海市合作交流办	副主任
许培星	上海市港口管理局	局长
姚金华	上海市建设交通委 交通战备处	处长
张大强	江苏省政府	副秘书长
潘永和	江苏省交通厅	厅长
杨根林	江苏省交通厅	副厅长
王昌保	江苏省交通厅	副厅长
林一峰	江苏省发展改革委	副主任
包国新	江苏省财政厅	厅长
吕振霖	江苏省水利厅	厅长
周　游	江苏省建设厅	厅长
史振华	江苏省环保厅	厅长
张洪甫	江苏省国土厅	副厅长
丁承轩	江苏省海洋渔业局	副局长
曹　勇	安徽省政府	副秘书长
李朝东	安徽省发展改革委	副主任
周　明	安徽省交通厅	巡视员
冯显铸	安徽省政府秘书二室	副主任
张天培	安徽省发展改革委交通处	处长
蒋同富	安徽省港航局	局长

蒲日新	江西省交通厅	厅长
孙晓山	江西省水利厅	厅长
陈一星	江西省发展改革委	副主任
黄春平	江西省南昌市	副市长
龚细水	江西省宜春市	副市长
魏宏彬	江西省九江市政府	党组成员
林志慧(女)	湖北省交通厅	厅长
肖运保	湖北省发展改革委重点办	主任(副厅级)
陆龙启	湖北省发展改革委	处长
高玉玲(女)	湖北省港航局	局长(副厅级)
朱晓光	湖北省交通厅办公室	主任
秦　辉	湖北省政府	任世茂同志秘书
刘明欣	湖南省政府	副秘书长
黄　河	湖南省发展改革委	副主任
邹和平	湖南省交通厅	副厅长
胡铁牛	湖南省地方海事局	局长
陈健强	湖南省地方海事局	副局长
赖馨正	湖南省政府	许云昭同志秘书
程志毅	重庆市政府	副秘书长
丁　纯	重庆市交委	主任
詹成志	重庆市发展改革委	副主任
何升平	重庆市交委	副主任
梁雄耀	重庆市港航局	局长
蒋朝平	重庆市政府办公厅一处	处长
崔广义	四川省政府	副秘书长
吴果行	四川省交通厅	厅长

贺晓春	四川省交通厅航务局	局长
何爱萍(女)	四川省政府办公厅秘书一处	调研员
罗智波	四川省政府	王怀臣同志秘书
胡洪波	四川省交通厅办公室	副主任
王敏正	云南省发展改革委	副主任
胡　星	云南省交通厅	副厅长
乔新民	云南省航务管理局	局长
陈　辉	云南省航务管理局	副总工程师
陈　莹	云南省政府办公厅	秘书
唐安慧	云南省航务管理局	处长

工作人员名单

姓 名	单 位	职 务
裴万发	交通部	李盛霖同志秘书
李应平	交通部	徐祖远同志秘书
刘 鹏	部办公厅研究室	主任
周敏霞(女)	部办公厅秘书处	副调研员
高强华	部体法司宣传处	处长
秦 伟	部体法司宣传处	干部
曹德胜	部水运司	副司长
张守国	部水运司	副司长
李良生	部水运司综合处	处长
彭付平	部水运司综合处	副处长
李宏印	部水运司国内处	处长
姜明宝	部水运司航道处	处长
解曼莹(女)	部水运司内河处	处长
王建斌	部水运司内河处	副处长
张善波	部水运司内河处	副调研员
郭青松	部水运司内河处	副处级
阮瑞文	交通部长江航务管理局	副局长
罗 军	交通部长江航务管理局办公室	副主任
袁宗祥	长江海事局	局长
唐冠军	长江航道局	局长
李维太	长江三峡通航管理局	局长
王茹军	长江航运公安局	局长

陈　俊	长江通信管理局	局长
张华麟	长江口航道管理局	局长
张同斌	江苏省海事局	局长
王明志	上海组合港办公室	主任(副局级)
戴敏敏	上海市政府	杨雄同志秘书
张　铭	上海市政府办公厅	副调研员
周　嵘	上海市建设交通委	干部
吴　明	安徽省人民政府	黄海嵩同志秘书
殷　勤	江西省政府办公厅	处长
梁必康	江西省交通厅计划处	处长
谢元银	江西省交通厅办公室	主任
李天碧	江西省航务局	局长
陈　良	江西省政府	凌成兴同志秘书
王　红	湖南省政府办公厅	副处长
胡　海	重庆市政府	余远牧同志秘书
郝满炉	重庆市交委办公室	主任
杨大伦	重庆市港航局	副局长
杨　军	四川省交通厅航务局	处长
汪祝君	江苏省交通厅政治处	处长
惠先宝	江苏省交通厅综计处	处长
王元春	江苏省港口管理局	副局长
董文虎	江苏省交通厅航道局	局长
张　毅	江苏省交通厅科技处	副处长、调研员
司马华炜	江苏省港口局港口规划处	处长
周志木	江苏省港口局港务管理处	处长
童小田	江苏省地方海事局	局长

交通部部长李盛霖在长江水运发展协调领导小组
第一次会议上发言的多媒体演示稿

加快推进长江黄金水道建设
促进沿江经济又快又好发展

交通部　李盛霖

2006.11.21

COSCO

党中央、国务院高度重视长江黄金水道的建设，中共中央政治局常委、国务院副总理黄菊专门致信此次会议。中共中央政治局委员、国务院副总理曾培炎也提出了明确要求。我们要认真贯彻落实好中央领导同志的重要指示和要求，加快黄金水道建设，促进沿江经济发展。

形成了合力建设黄金水道、促进长江经济发展的意见，明确了长江水运发展总体目标，提出了“十一五”期建设重点。

本次会议的主要任务：贯彻党的十六届六中全会精神，落实建设任务，研究政策措施，签署《“十一五”期长江黄金水道建设总体推进方案》，商定当前重点工作。

一、一年来的工作回顾

合力建设黄金水道，全面提升长江水运的服务能力和质量，对加快沿江综合运输大通道建设，构建资源节约型、环境友好型社会，促进区域经济协调发展具有重要意义。

中华人民共和国
国民经济和社会发展
第十一个五年规划纲要

2006年3月14日第十届全国
人民代表大会第四次会议批准

积极发展水路运输，提高内河通航条件，建设长江黄金水道和长江三角洲高等级航道网，推进江海联运。

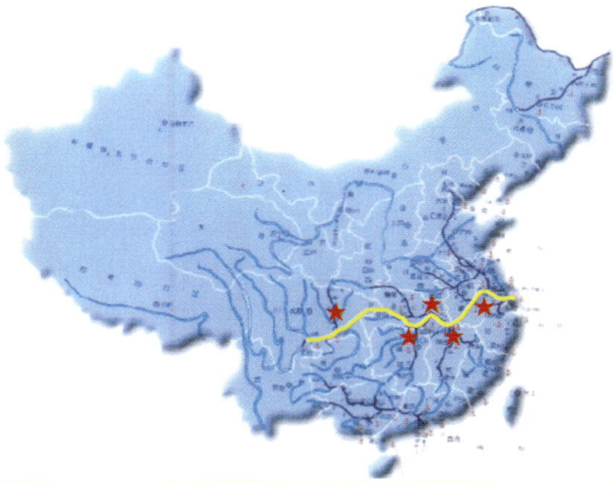

全国政协常委视察团，对湖北、湖南、江西、安徽和重庆就加快长江经济带发展开展调研，提出“加强包括黄金水道在内的长江经济带综合运输体系建设，促进长江上中下游一体化协调发展” 等建议。

一是沿江省市把发展长江水运作为坚持可持续发展战略、建设节约型社会的重要举措

◎ 上海：以国际航运中心为龙头

◎ 江苏：港航建设列入“十一五”规划的重点内容

◎ 安徽：皖江经济带

◎ 湖北：水运振兴工程

◎ 重庆：以水强市

◎ 云南：脱贫致富，新农村建设

二是省市领导高度重视，深入调研，研究落实并部署具体工作

江苏：
加快全省水运
发展工作会议

湖北：
合力加快港航建设
促进沿江经济发展

安徽：
立足大流域 建设大水运
发展大交通 构筑大产业

江西、四川、云南：

加大投入，加快建设，进一步提高内河水运竞争力和服务水平。

三是沿江省市加大了政策扶持和资金投入力度

◎ 江苏：《关于加快水运发展建设的意见》

◎ 湖北：每年财政预算 1 亿元，《关于加快全省长江水运业发展的意见》

◎ 上海：航道纳入城市规划控制范围

◎ 湖南、江西：加强航运资源保护

◎ 四川：统筹水资源综合开发，航电枢纽建设

◎ 上海、安徽：建立投资公司，搭建融资平台

四是加快完善地方水运发展规划

◎ 各地“十一五”水运发展规划

◎ 省级港口布局规划

◎ 主要港口总体规划

◎ 重庆：《船舶标准化暨船舶防污染方案》

◎ 安徽：《内河船型标准化发展纲要》

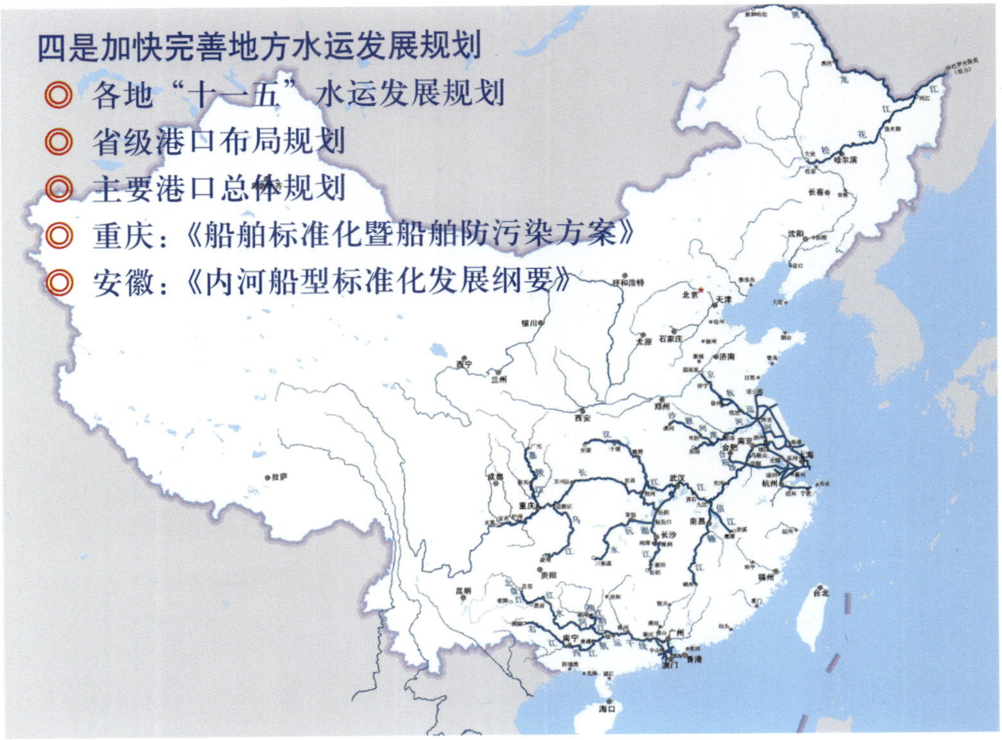

五是建立了部省市协调机制，成立了协调领导小组及办公室

◎ 《“十一五”期长江黄金水道建设总体推进方案》

◎ 五条推进原则

◎ 六大建设任务

◎ 十项主要保障措施

六是加强沟通协调，做好三峡船闸完建期通航工作

◎ 客货运输方案

◎ 通航保障指挥部

◎ 联动工作机制

◎ 应急反应机制

长江黄金水道建设是我部今年的四项重点工作之一

下 游：

◎ 长江口三期开工建设

◎ 东流水道整治基本完工

◎ 太子矶炸礁工程

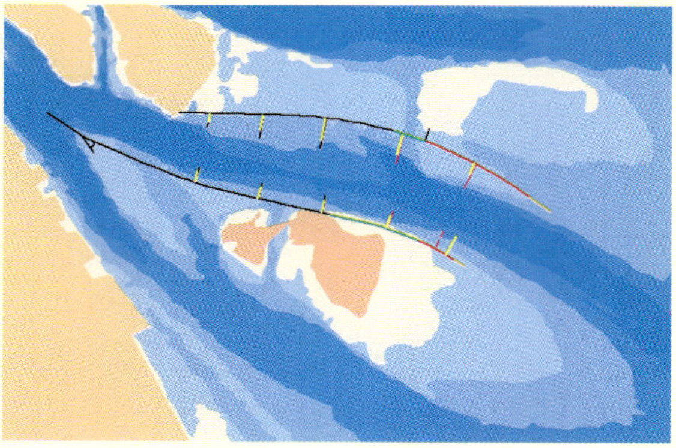

中 游：

◎ 陆溪口、罗湖洲航道整治

◎ 马家咀、嘉鱼－燕子窝航道整治

上 游：

◎ 库区156米蓄水库尾炸礁

◎ 泸渝段航道整治

◎ 海事、通信、公安等支持系统建设
◎ 科技投入和关键技术研究
◎ 内河水运工程质量年
◎ 内河水运建设示范工程活动

2006 年预计运输情况

项目	数量	增长
货运量	9.9 亿吨	15.1%
货物周转量	3099 亿吨公里	20.6%
集装箱吞吐量	634 万 TEU	23.6%
江海直达量	5.5 亿吨	9.0%

二、抓住机遇 促进长江水运新一轮发展

九五以来“两横一纵两网”格局基本形成

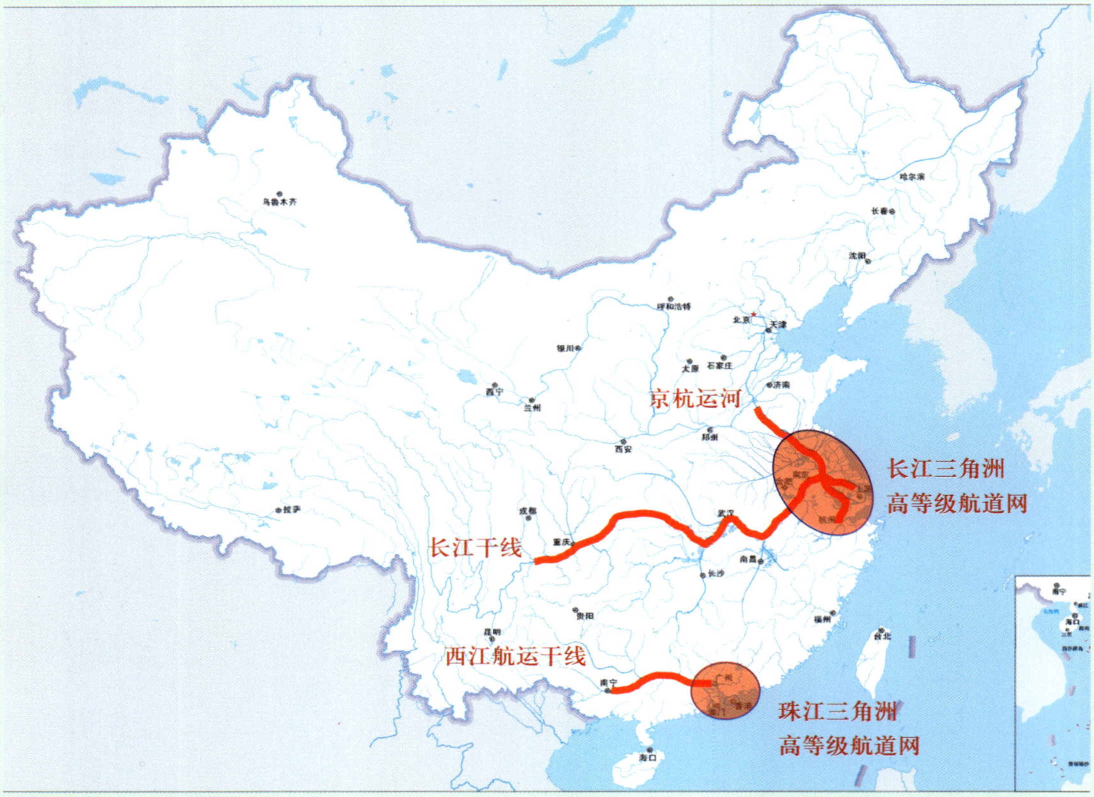

（一）构建社会主义和谐社会，为长江水运新一轮发展带来了契机

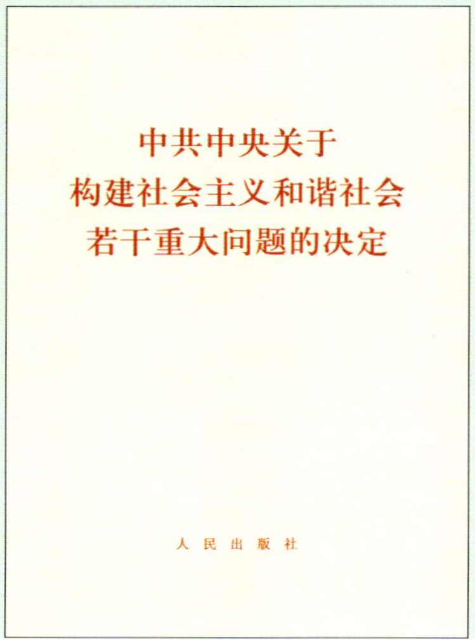

◎ 土地、能源等资源紧缺

◎ 环境压力大

◎ 发展长江水运的积极作用

3000 吨级船舶满载货运量

50 节火车车皮载量

100 辆 30 吨汽车载量

在各种运输方式中，水路交通的平均运输成本、单位能耗及单位二氧化碳排放量最低。

加快长江黄金水道建设，符合构建和谐社会的要求，是贯彻落实科学发展观，实现可持续发展的具体体现。

（二）沿江经济的协调发展，为长江水运新一轮发展创造了条件

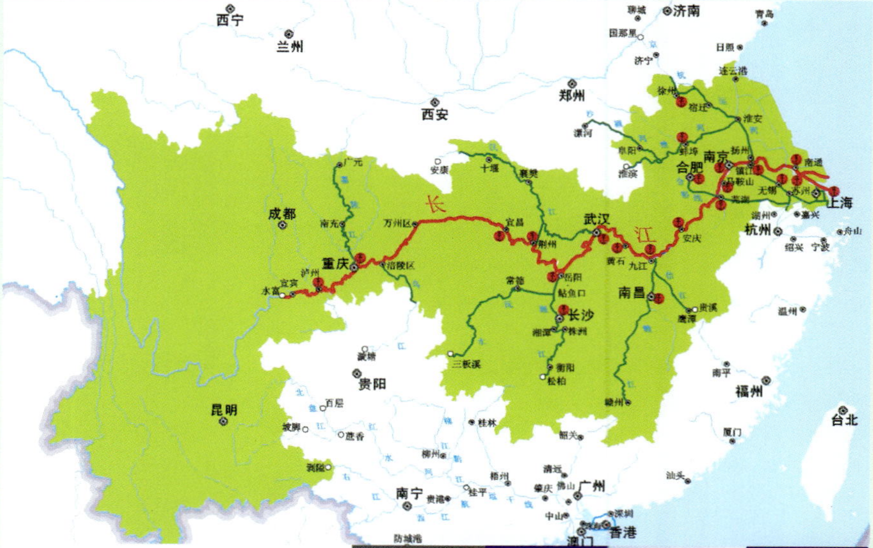

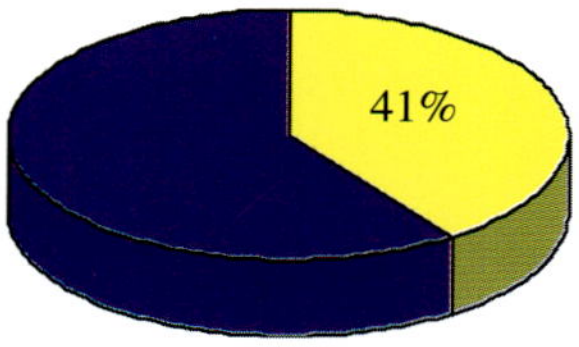

长江流域GDP占全国

◎ 长江水系完成水运货运量和货物周转量占全社会的比重

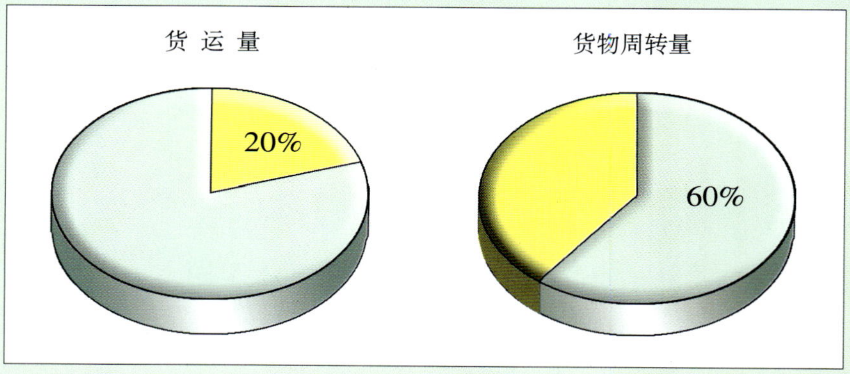

上游：形成了以矿产、机械和农产品等为主的产业基地

中游：形成了以农产品加工、石化、冶金、汽车和建材等为主的产业带

下游：形成了以装备制造、电子信息和高新技术等为主的产业带

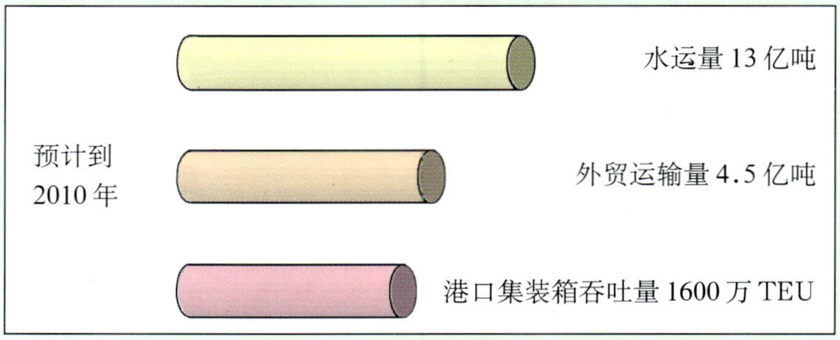

（三）综合运输体系结构的调整，对长江水运新一轮发展提出了要求

（四）部省市协调机制的建立，是长江水运实现新一轮发展的有力保障

- ◎ 干流与支流、区域之间的协调发展
- ◎ 部省市的齐心协力、积极配合是保障
- ◎ 协调领导小组第一次会议

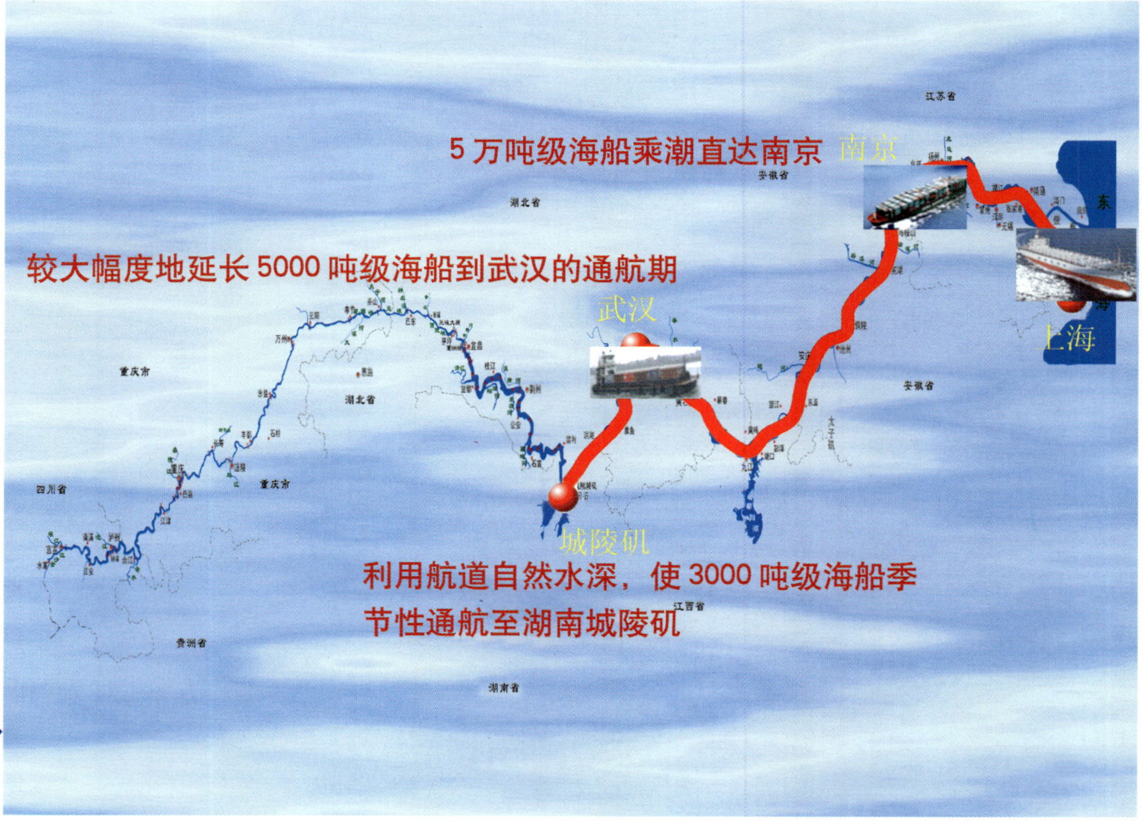

◎ 武汉以上航道更为通畅
◎ 三峡库区万吨级船队直达重庆主城港区
◎ 千吨级船舶直达云南水富

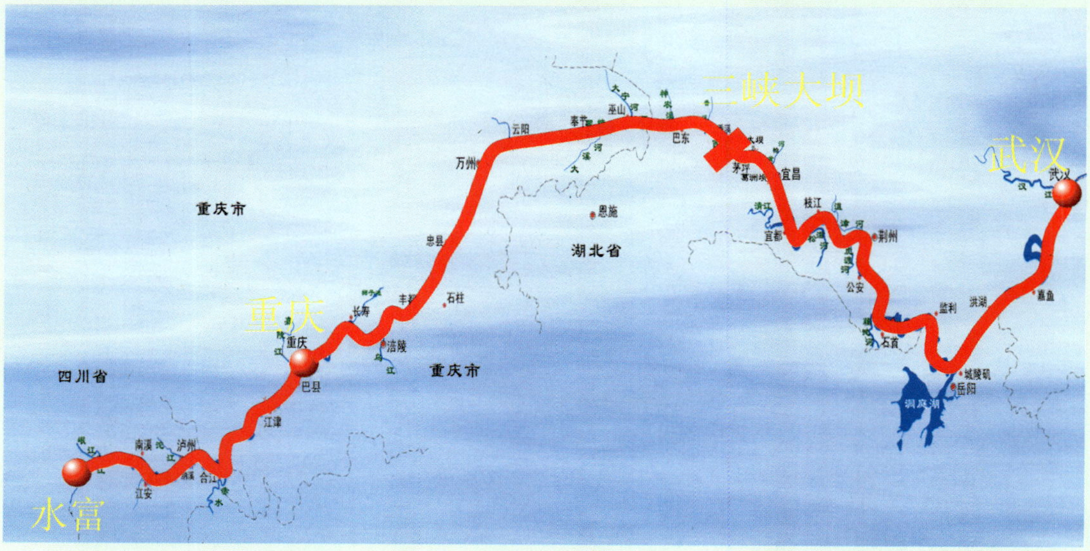

◎ 长江三角洲高等级航道网中主要航道将可通航 1000 吨级船舶，京杭运河堵航现象明显缓解

以上海国际航运中心为龙头，以长江黄金水道和长江三角洲高等级航道网为主要疏运通道的集装箱运输系统、外贸铁矿石及原油海进江中转运输系统和江海物资转运系统基本建成

◎ 长江干线主要港口的主要港区建设取得重大进展，基本实现机械化、规模化和集约化，部分成为地区物流中心

◎ 长江干线船型标准化取得明显进展，货运船舶平均吨位提高到1000吨以上

◎ 长江水运的支持保障能力大幅度提高

三、当前的几项重点工作

按照《“十一五”期长江黄金水道建设总体推进方案》，组织实施好航道治理、港口建设、船型标准化、三峡过坝运输扩能、水运保障、干支联动等建设工程。加强部省市的协调配合，确保各项计划目标的实现。

（一） 拓宽渠道，多方筹集建设资金

“十一五”期交通部安排150亿元资金

◎ 长江口深水航道治理三期及向上延伸、干线航道整治和支持保障系统设施
◎ 支持长江三角洲高等级航道网和主要支流航道建设
◎ 引导和扶持干线运输船舶船型标准化

推进内河港口建设，适当支持中西部地区公共码头建设，充分发挥市场投融资作用、积极鼓励企业和社会资金投资建设内河港口码头，逐步建立以市场为主体的长江港口建设投融资机制。

建议地方各级人民政府逐步建立起稳定的水运设施建设资金来源，适当增加财政资金，多渠道筹集建设资金，出台相关扶持政策。

（二）加大前期投入做好项目前期工作

◎ “十一五”完工项目，2007年10月底完成前期工作

◎ “十一五”跨“十二五”项目，2008年10月底完成前期工作

（三）加强研究，适时实施重点航段整治和控导工程

做好“三沙”治理的前期工作，加大航道治理研究力度，为有条件时实施12.5米水深航道继续向上延伸做好技术准备。

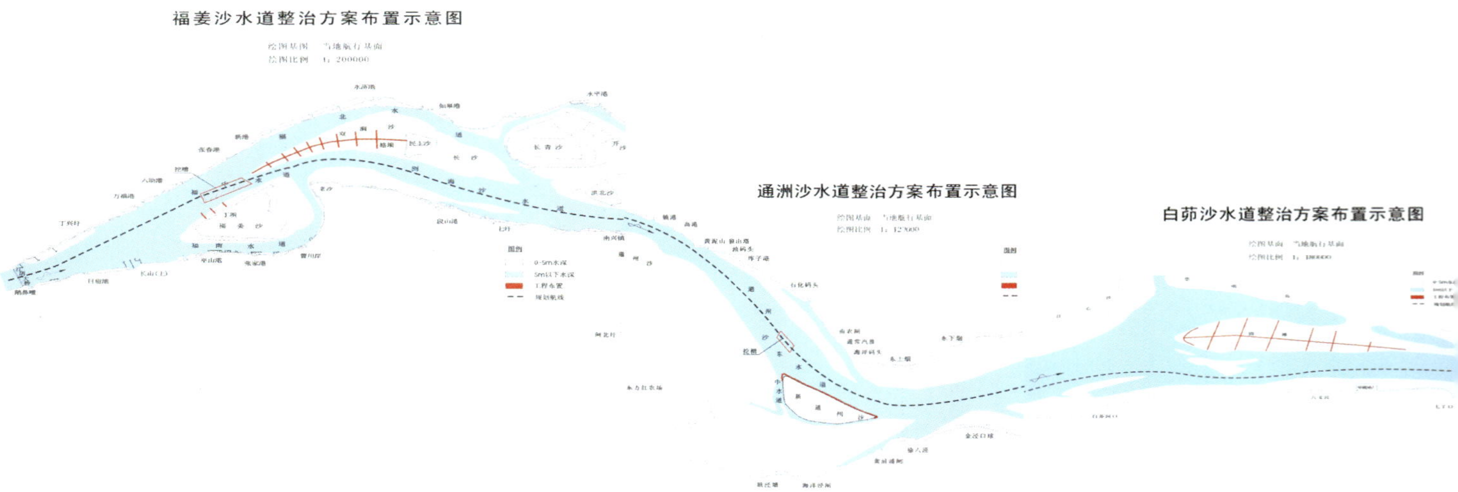

加强荆江河段受“清水”下泄影响的河道演变规律和库区回水变动段泥沙淤积规律研究，为适时实施重点河段控导工程和做好有关工作提供技术支持。

实施好长江口深水航道治理三期工程，满足第三、四代集装箱和5万吨级海船全天候通航。兼顾第五、六代集装箱船、10万吨级散货船满载、20万吨级散货船减载乘潮通航需要。

◎ 南京以下，加强航道维护，巩固 10 米水深航道
◎ 南京至安庆，太子矶、拦江矶礁石炸礁，黑沙洲水道整治
◎ 安庆至武汉，东流、罗湖洲航道整治，武穴水道、张南上浅区航道整治
◎ 武汉至宜昌，周天河段、武桥水道、瓦口子水道、沙市河段航道控导工程，嘉鱼～燕子窝航道整治
◎ 宜昌至重庆，娄溪沟～铜锣峡碍航礁石清炸
◎ 重庆至水富，进一步提高航道等级

（四）继续做好三峡船闸通航工作

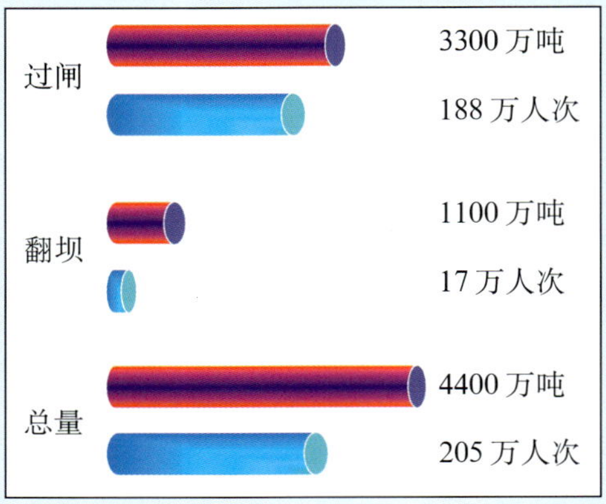